Barbara Radl

Curry-wurst-Führer

eICHBORN

Ihre Lieblings-Currywurstbude fehlt?
Dann loggen Sie sich ein unter www.eichblog.de und empfehlen
Sie die Bude Ihres Vertrauens.

1. Auflage 2010

© Eichborn AG, Frankfurt am Main, 2010
Lektorat: Katharina Theml
Foto und Umschlaggestaltung: Christiane Hahn
Ausstattung: Cosima Schneider
Layout und Satz: Schneider. Visuelle Kommunikation
Druck und Bindung: CPI - Clausen&Bosse, Leck
ISBN 978-3-8218- 6098-5

Mix
Produktgruppe aus vorbildlich bewirtschafteten
Wäldern und anderen kontrollierten Herkünften
www.fsc.org Zert.-Nr. GFA-COC-001223
© 1996 Forest Stewardship Council
FSC

Eichborn Verlag, Kaiserstraße 66, 60329 Frankfurt am Main
Mehr Informationen zu Büchern und Hörbüchern aus dem Eichborn Verlag
finden Sie unter www.eichborn.de

Inhalt

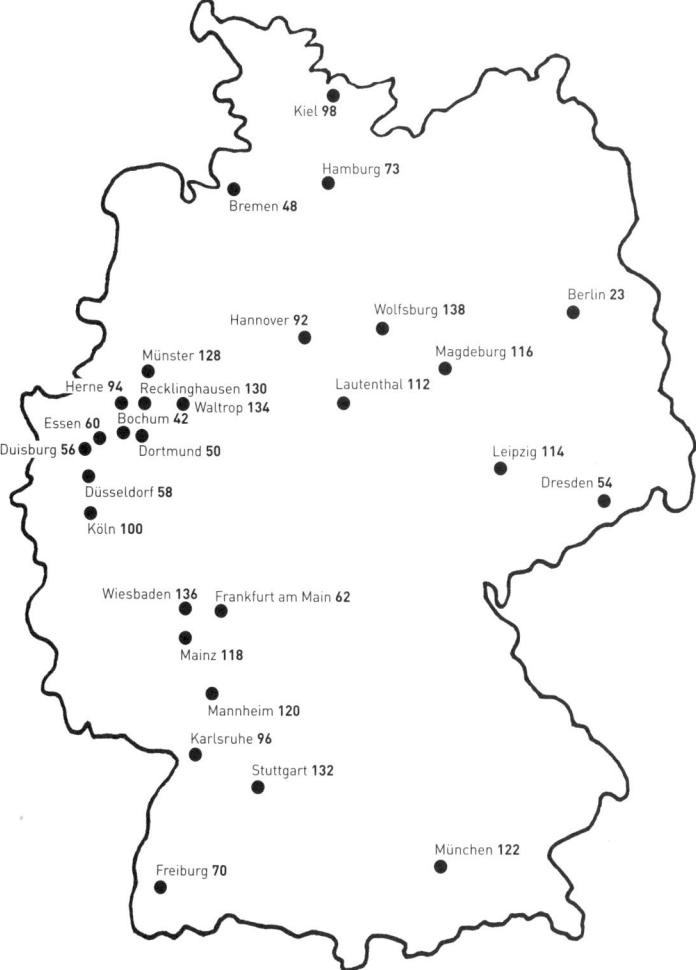

Von der Kultbude
bis zum Nobelimbiss –

Die 55 besten Currywurstbuden
der Republik

Die Currywurst ist Kult. Sie hat sich trotz Trendfood wie Döner, Burger und Thaicurry erfolgreich seit über 60 Jahren am Fast-Food-Markt behauptet und ist der mit Abstand beliebteste Imbiss-Snack der Deutschen. Heute werden hierzulande rund 800 Millionen Currywürste im Jahr verspeist –

 das sind deutschlandweit 1500 Würste pro Minute –, allein die Berliner essen angeblich über 60 Millionen Stück im Jahr! Bis heute ist die Currywurst der Renner in jeder Betriebskantine, und das C-Wurst-Phänomen kennt wohl jeder Angestellte: Kaum steht die Wurst auf der Karte, sind die Betriebsrestaurants mittags gerammelt voll. Alle wollen den fettigen Snack mit der feurigen Sauce. Im VW-Stammwerk in Wolfsburg wird sogar extra für die Mitarbeiter in der hauseigenen Fleischerei eine »Volkscurrywurst« hergestellt (siehe Seite 138).

Die Currywurst ist also längst ein deutsches Nationalgericht. Vorbei die Zeiten, als die Wurst noch als »Steak des kleinen Mannes« belächelt wurde und als absolutes »Prollo-Essen«

verschrien war. Heute ist es völlig legitim, eine Currywurst zu ordern. Mehr noch: Politiker und Promis lassen sich gerne mit Pappschälchen in der Hand ablichten. Currywurst essen ist cool und gehört fast zum guten Ton.

Selbst bei vielen gesellschaftlichen Anlässen und Partys reicht man heute als Catering Schälchen mit Currywurst-häppchen, appetitlich angerichtet und hübsch garniert. Sushi ist out! In vielen Städten haben styli-sche Gourmettempel eröffnet, in denen hippe Köche feine Würste auf dem Lavagrill rösten und köstliche Tomatensaucen mit fri-schen Mangos, Aprikosen und ex-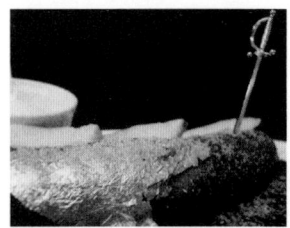otischen Gewürzen abschmecken. Seit einigen Jahren gibt es sogar den Trend, Currywurst mit einer dünnen Schicht Blattgold zu überziehen. Das Edelmetall auf der Wurst ist zwar völlig geschmacksneutral, sieht aber dekadent aus. Gerne reicht man dazu ein Glas kühlen Champagner. Davon mag man halten, was man will, denn eigentlich ist die Bude ein Ort, an dem soziale Grenzen aufgehoben scheinen. Pun-ker lieben Currywurst genauso wie ältere Damen im Nerz; Studenten, Businessleute im Anzug, hippe Partypeople in Röhrenjeans und Chucks mampfen neben Müttern mit Kin-derwagen, und Touristen auf Shoppingtour essen ebenso gerne Currywurst wie Bauarbeiter, Polizisten oder Taxifah-rer in ihrer Mittagspause. Beim Currywurstessen kommen die unterschiedlichsten Menschen ins Gespräch, die norma-lerweise nie etwas miteinander zu tun hätten. Currywurst wird zudem nicht mit Messer und Gabel gegessen, sondern mit kleinen Holz- oder Metallpiekern aus Pappschälchen verzehrt. Der Platz an oder in vielen Imbissbuden ist eng, da kommt man zwangsläufig ins Plaudern. Currywurst essen ist viel mehr als bloße Nahrungsaufnahme!

Und das Besondere: Fast jeder hat seine eigene Lieblingsbude, schwört auf seinen Stand gleich um die Ecke oder hat eine Geschichte auf Lager, in welcher Stadt er mal die beste, schärfste, leckerste Currywurst seines Lebens gegessen hat. Deswegen gibt dieser Currywurst-Führer auch keine Bewertung ab, wo es denn besonders lecker schmeckt und welche Bude man lieber meiden sollte. Denn der Geschmack einer »guten Currywurst« ist höchst subjektiv: Der eine mag die Soße lieber süßlich und liebt es, wenn die Wurst vor Fett trieft. Der andere isst sie extrem scharf oder schwört auf die »Light-Variante« vom Grill.

Das Buch bietet eine Auswahl derjenigen Imbissbuden und Wurstrestaurants, die etwas ganz Besonderes sind und dabei die Currywurst auf ihre eigene und spezielle Art zelebrieren. Entweder sind es extreme Kultbuden, weil sie schon seit Jahrzehnten existieren und ihre Inhaber Originale sind, oder die Buden servieren eine besonders leckere und ausgefallene Currywurstkreation. Manche Imbisse sind zu regelrechten Szenetreffs geworden, wo partywütige und feierfreudige Menschen auch nachts noch Schlange stehen, um etwas Deftiges zu essen. Einige Buden eignen sich besonders für Vegetarier, weil es hier Tofuwurst gibt, andere mehr für Leute, die gerne eine riesengroße Auswahl an Wurstsorten, Saucen und Schärfegraden haben.

Natürlich erhebt das Buch keinen Anspruch auf Vollständigkeit. Schließlich werden ständig in allen großen Städten neue Buden eröffnet. Wer jedoch wissen möchte, in welcher Stadt er seine spezielle Lieblingsbude finden kann, für den eignet sich das Buch besonders. Mal eben 'ne schnelle »Curry« im Vorbeigehen? Oder lieber eine Biowurst fürs gute Gewissen? Oder vielleicht eine knusprige Lammcurrywurst mit Joghurt-Minze-Dip in einer stylischen Currywurstlounge? Kein Problem, das gibt es alles!

Kult und Kulturgut

Ende der 70er und Anfang der 80er Jahre war die absolute Blütezeit der Currywurst. Sie tauchte in Liedern auf, im Film und im Fernsehen. In den 80er Jahren besang Herbert Grönemeyer die Kultwurst der Deutschen. Im Fernsehen lief die beliebte Serie »Die drei Damen vom Grill« mit Brigitte Mira als Oma Färber. Und Götz George alias Schimanski verdrückte regelmäßig im »Tatort« seine Currywurst am Duisburger City Grill (siehe Seite 56) – gerne auch schon mal zum Frühstück! Noch heute gehört die Currywurstbude in vielen Krimis zum obligatorischen Drehort. Seit 1997 essen beispielsweise die Kölner Tatort-Kommissare Schenk und Ballauf ihre Currywurst mit Blick auf den Kölner Dom. Genau wie Schimis City Grill in Duisburg, gibt es die Kölner Tatort-Imbissbude Wurstbraterei wirklich (siehe Seite 110). Besonderer Tipp für Wurst- und Filmfans: der 24-minütige Dokumentarfilm »Best of the Wurst« von Grace Lee. Die Filmemacherin dokumentiert in dem Streifen ihre Reise von Los Angeles nach Berlin und interviewt an den Currywurstbuden der Hauptstadt die Berliner. Ein Muss für alle, die Berlin und die spezielle Berliner Currywurstbuden-Kultur lieben. In der WDR-Kultserie »Dittsche – Das wirklich wahre Leben« spielt Olli Dittrich den Arbeitslosen Dittsche, der einen ganz besonderen Wochenrückblick zum Besten gibt. Die Sendung spielt in der Hamburger Imbissbude Eppendorfer Grillstation. Auch diese Bude existiert wirklich, und immer wieder versammeln sich zu den Dreharbeiten Scharen von Dittsche-fans vor der Imbissbude in Hamburg (siehe Seite 86).

Als eine Hommage an die Currywurst hat Berlin mittlerweile sogar ein eigenes Currywurst-Museum. Hier werden sämtliche Facetten der Currywurst gezeigt. Die Berliner Budenvielfalt wird in einem interaktiven Stadtplan vorgestellt, außerdem können die Besucher in der Gewürzkammer ihren Geruchssinn testen, und eine begehbare Imbissbude gewährt Einblicke hinter die Kulissen einer Wurstbraterei.

Die Erfindung der Wurst

In den drei Currywursthochburgen Berlin, Hamburg und dem Ruhrgebiet ist man sich absolut sicher: Die Currywurst stammt aus der eigenen Region! Um die Erfindung des Fast-Food-Klassikers ranken sich viele Legenden. Sicher ist: Nach dem Zweiten Weltkrieg wollten die Deutschen das Essen der amerikanischen Besatzer. Alle waren heiß auf Steaks und Burger mit viel Ketchup. Als Fleischersatz diente oft eine Dampfwurst. Ketchup rührte man kurzerhand selber an, aus Tomaten und Gewürzen. Vor allem Curry zauberte einen Hauch von Exotik und Abenteuer in die bundesdeutschen Küchen.

Aber wer hat nun die Currywurst erfunden?

Historisch am besten belegt ist die Version, dass Herta Heuwer 1949 an einer Imbissbude in Berlin-Charlottenburg das erste Mal eine Wurst mit Sauce aus Tomatenmark, Worcestersauce und Currypulver servierte. 1958 ließ sie ihre Marke namens Chillup (aus Chili und Ketchup) als Patent schützen. Angeblich war die Firma Kraft jahrelang hinter den Markenrechten her. Vergeblich, Herta verriet ihr Geheimrezept nicht weiter!

Herta Heuwer ist somit die einzige Person, die mit der Erfindung der Currywurst namentlich in Zusammenhang gebracht wird. Ihre Bude hieß sogar die »1. Curry-Wurst-Braterei der Welt«. Es gibt viele historische Dokumente über sie, sogar einen Eintrag beim Patentamt. Heute werden Herta Heuwer und ihre Kreation mit einer Gedenktafel in der Berliner Kantstraße 101 geehrt, dort wo ihre erste Imbissbude stand.

Die Hamburger sind sich ihrerseits absolut sicher, dass die Wurst in der Hansestadt erfunden wurde. In der Novelle »Die Entdeckung der Currywurst« von Uwe Timm erfindet die Protagonistin Lena Brücker die Wurst. Der Autor bezeichnet seine Geschichte selber als fiktiv, hat aber immer wieder davon gesprochen, schon 1949 in Hamburg eine Currywurst gegessen zu haben. Somit bot die Geschichte immer wieder Stoff für hitzige Diskussionen über den Ursprung der Wurst.

Aber auch im Ruhrpott kursieren verschiedene Geschichten und Mythen rund um die Entstehung des Snacks. Aber egal, wer sie erfunden hat, überall in Deutschland wird sie geliebt und ganz unterschiedlich hergestellt.

Unterschiedliche Würste in unterschiedlichen Regionen

So verschieden die Liebhaber der Currywurst sind, so verschieden ist auch die Zubereitung des Fast-Food Klassikers. Vor allem im Osten und Westen Berlins unterscheidet sich die Machart der Currywurst. Hier ist die Zubereitung eine absolute Glaubensfrage. Während man in Westberlin vor allem eine geräucherte oder gepökelte Schweinswurst mit Darm isst, serviert man im Ostteil der Stadt eine Brühwurst »ohne«, also ohne Darm (»ohne Pelle«). Die Würste erinnern ein bisschen an bayerische Weißwürste. Sie sind walzenförmig und mild im Geschmack. Ost- und Westwurst werden beide in Fett gebraten, oft von Hand in Stücke geschnitten, meist werden die Sauce und das Currypulver erst zum Schluss über die Wurst gegeben. Manche Imbisse servieren sie allerdings auch im Ganzen oder sehr selten einmal in der Mitte durchgeschnitten. Im Ostteil der

Stadt gibt es klassischerweise eine »Schrippe«, ein Bröt-chen, zur Wurst.

Im Ruhrgebiet ist die Currywurst meist eine Bratwurst. Das Currypulver wird an vielen Imbissbuden im Pott schon in die Sauce gerührt und nicht erst am Schluss über die Sauce ge-streut. Im Revier gibt es zudem eine Saucenbesonderheit: Viele Budenbesitzer servieren eine Schaschlik- oder Zigeu-nersauce, manchmal erinnert die Tunke an Gulaschsauce. Gut bürgerlich eben! Traditionellerweise isst man im Revier zur Currywurst eine Pommes rot-weiß mit Ketchup und Majo.

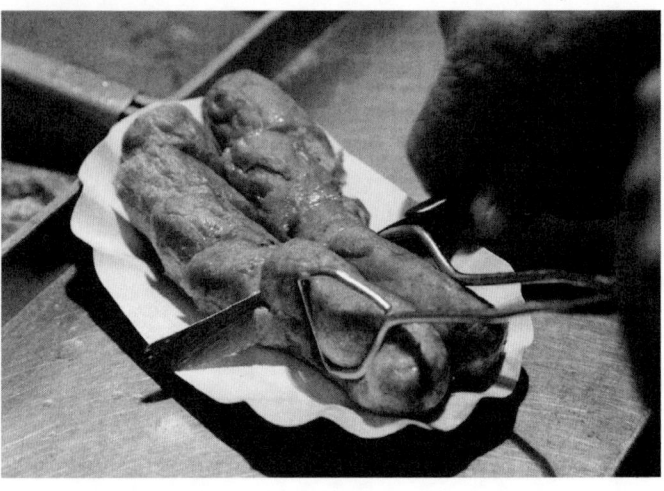

Auffällig ist, dass es ein absolutes Nord-Süd-Gefälle im An-gebot der Currywurst gibt. Der Main ist der Currywurstäqua-tor. C-Wurst-Esser im Norden, Nicht-Esser im Süden. Klar, denn Bayern ist das Land der Rostbratwürstchen und der Weißwürste. In ländlichen Gebieten ist es schwer, eine leckere Curry zu bekommen.

Food Designer und Sterneköche

Auch bei der Zubereitung gibt es jede Menge Unterschiede: In Berlin wird die Currywust zum Beispiel häufig in einer Fettwanne gebraten, an einigen Imbissbuden wird sie sogar in die Friteuse geworfen. Im Rheinland dagegen grillt man die Bratwurst oft. Vor allem Spitzengastronomen setzen auf modere Garmethoden: In einigen stylischen Currywursttempeln brutzelt die Wurst über einem Lavagrill. Diese Zubereitung macht sie schön kross, ohne dass die Wurst zur Kalorienbombe wird. Neben Schweins-, Rinds- und Kalbswurst gibt es inzwischen unzählige Fleischsorten, die zu einer Curry verarbeitet werden. Neben Bison-, Strau-ßen- und Geflügelfleisch geht der Trend zu immer ausgefalleneren Varianten: So steht bei manchen Imbissen tatsächlich eine Fischcurrywurst auf der Karte, es gibt Lammwurst, und sogar Krokodils- und Kängurufleisch wird verwurstet. In den allermeisten Fällen aber ist eine klassische Currywurst eine Wurst aus Schweinefleisch.

Das Allerwichtigste an der C-Wurst ist die Sauce! Während früher meist gekaufter Ketchup aus dem Zehn-Liter-Eimer über die Wurst gekleckert wurde, hat sich auch die »Saucenphilosophie« an vielen Buden geändert. Die Budenbesitzer setzen auf hochwertige Zutaten und frische, selbst kreierte Saucen. Oft verfeinern Imbissköche ihren Ketchup mit frischen Früchten (Mango, Orangen, Aprikosen, Ananas und Banane) und ausgefallenen Currymischungen (gerne aus dem Asialaden), Kräutern oder frischen Zwiebeln. Der Trend geht dabei zu Bioprodukten. An einigen Buden wird heute sogar ausschließlich Bioware angeboten: Von der Wurst bis hin zum Öl, in dem die Pommes gegart werden, ist alles ökologisch korrekt (siehe Seite 34). Auch Vegetarier und Veganer müssen längst nicht mehr auf den Imbiss verzichten. Tofucurrywurst steht bei manchen Imbissen auf der Karte und es gibt sogar eine rein pflanzliche Wurst aus Kartoffeln oder Gemüsestückchen.

Bei der Saucenzubereitung können sich die Köche richtig austoben: Zu Weihnachten findet man an einigen Buden Saucen mit Zimt, Koriander, Schokolade und Lebkuchenaromen. Andere setzen auf exotische Currysaucenvarianten mit Kokosmilch, Pfefferminze oder scharfen Chilisorten und servieren die Wurst gleich mit edlen Tiefseegarnelen oder Erdnüssen.

Jeder Imbissbudenbesitzer hat sein Geheimrezept und auch beim Besuch von über 55 Buden in ganz Deutschland hat kein Einziger die genaue Zusammensetzung seiner Sauce verraten. Das ist absolutes Staatsgeheimnis! Nur soviel:

Dass Köche ihre Sauce mit Coca-Cola abschmecken, scheint ein Gerücht zu sein.

Das Image der Currywurst

Auch die Namen der Buden haben sich im Laufe der Zeit geändert. Trashige Namen wie »Gertrudis Würschtelbraterei« findet man nur noch selten. Heute speist man in coolen Läden wie »Curry Queen«, »Best Worscht in Town« oder »Currycult«. Neben

einem eigenen Logo, durchgestylten bunten Innenräumen mit fetten Kronleuchtern und hohen Barhockern setzen viele Köche auf Transparenz: riesige Theken und offene Küchen. Jeder kann zuschauen, wie die Wurst gebrutzelt wird. Stinkiger Fettgeruch, vergilbte Theken und Plastikblümchendecken sind passé. Die Zielgruppe dieser neuen Currylounges ist klar: junges, feierfreudiges Volk, das stilvoll essen will. Auch sind Bezeichnungen wie Schimanski-Teller, Asia-Teller oder Manta-Platte out. Manchmal heißt es an den Buden noch C-Wurst oder man spricht (vor allem im Ruhrgebiet) von der Pommes-Schranke (mit Majonäse und Ketchup). CPM ist übrigens eine Abkürzung für »Currywurst mit

Pommes und Majo« oder CWPZM bedeutet »Currywurst-Pommes-zum-Mitnehmen«.

Scharf, schärfer, höllisch

Inzwischen gibt es in fast jeder größeren Stadt Buden, an denen man nicht nur eine leicht angefeuerte Currywurst bekommt, sondern richtig scharfes Zeug, das höllisch brennt

und nur an Leute über 18 abgegeben wird! Diese Buden haben meist eine selbst entworfene Schärfeskala und die Saucen heißen nicht mehr Currysauce 1 oder 2, sondern FBI (wie Fucking Burning Injection), Hellfire oder Trouble Maker.

Bei Schärfewettbewerben treten immer wieder Verrückte gegeneinander an, die sich im Extrem-scharf-Essen messen wollen. Bei fast allen Veranstaltungen dieser Art fangen gestandene Mannsbilder an zu weinen, kriegen Schweißausbrüche oder fallen sogar in Ohnmacht.

Die sogenannte Scovilleskala macht die Schärfe messbar. Scoville ist die Maßeinheit für den Schärfegrad von Paprika. Ihr Erfinder: der Amerikaner Wilbur L. Scoville. Gemessen wird der Capsaicingehalt von Chili und Paprika. Zum Vergleich: Tabascosauce hat einen Schärfegrad von rund 2200 Scoville, reiner Cayennepfeffer zirka 30 000 Scoville und Polizei-Pfefferspray etwa 500 000 Scoville. An manchen Buden und bei den Schärfewettessen werden Currywurstsaucen mit Schärfegraden von über eine Millionen Scoville angeboten. Schon ein Tropfen dieser Saucen brennt unerträglich. Jeder Mensch empfindet Schärfe anders. Manche husten schon bei Tabasco, andere beißen in Chilischoten, ohne mit der Wimper zu zucken. Fest steht, dass man scharf essen trainieren kann. Um Höllensauce zuzubereiten, verwenden die Budenbesitzer entweder natürliche Chilis oder würzen mit der chemischen Bombe (Capsaicin-Kristalle) nach. Tipp: Falls das Brennen nach dem »Genuss« einer zu scharfen Sauce unerträglich wird, sollte man auf keinen Fall Wasser trinken, das macht alles nur noch schlimmer. Besser man greift zu fetthaltigen Getränken wie Milch und Kakao oder spült den Mund mit Öl oder Sahne aus. Klar, dass Höllensauce nichts für Kinder ist, und wer herzkrank ist, sollte auf extrem scharfes Essen besser verzichten.

Ist die Currywurst gesund?

Leider nicht wirklich. Zwar ist Fleisch kalorienarm und liefert jede Menge Eiweiß und Mineralstoffe; Curry enthält Kurkuma, ein Gewürz, das die Leber schützt und entzündungshemmend und antibakteriell wirkt; und Tomaten stärken die Abwehrkräfte.

Aber Currywurst ist eben Fast Food und eine Wurst enthält rund 300 bis 400 Kalorien. Und meist kommt ja auch noch eine Portion Pommes mit Majo dazu. Das macht schnell mal eben mindestens 700 bis 800 Kalorien auf einen Happen. Im Sinne einer gesunden und ausgewogenen Ernährung sollte man die Currywurst deswegen bewusst und in Maßen genießen.

Guten Appetit!

Konnopke's Imbiss

NR. 1 IN OSTBERLIN.
WURST OHNE PELLE.
MITTAGS IMMER VOLL.

Der Imbiss im Stadtteil Prenzlauer Berg ist Kult. Schon die Lage auf einer Straßeninsel zwischen zwei Hauptverkehrsstraßen ist einzigartig – links und rechts rauschen die Autos vorbei, es ist verdammt laut. Der Wurstwagen steht unter den Gleisen der oberirdischen U-Bahn. Hier, an diesem hektischen Ort, unter den Schienen, riecht es nach Abgasen, U-Bahn und Fett. Ständig wuseln Fußgänger am Currywurstwagen vorbei, wer über die Straße will, muss zwangsläufig am Kult-Konnopke vorbei. Richtig gemütlich ist Konnopke wirklich nicht, aber wer im Ostteil der Stadt eine Wurst essen will, der sollte es einfach hier tun. Konnopke hat Flair und steht auf der Bekanntheitsskala von Berliner Wurstbuden ganz oben!

1930 gründete Max Konnopke das Unternehmen als Bauchladen. Er zog als Wurstmaxe mit Wurstkessel, Klapptisch

und Schirm durch Berlin. Zu dieser Zeit durften die Würstchenverkäufer nur nachts arbeiten. Und das tat Max auch, sieben Mal in der Woche von 19 bis 5 Uhr. Nach Krieg und Kriegsgefangenschaft schaffte Max Konnopke 1947 einen Würstchenwagen an und übergab das Geschäft später an seine Kinder. Im Jahr 1960 wurde an der jetzigen Stelle ein Imbisswagen aufgestellt, und seit dieser Zeit wird die bekannte Konnopke-Currywurst (natürlich ohne Darm, wie fast überall im Ostteil der Stadt) mit hausgemachter Sauce angeboten. Bei Charlotte Konnopke, Max' Frau, gab es angeblich die erste Currywurst Ostberlins. In der DDR waren Därme für die Wurstzubereitung Mangelware, deswegen wird die Currywurst bis heute im Osten traditionell ohne Pelle angeboten. Die meisten Ostberliner schwören auf den leicht süßlichen Geschmack der Wurst und der Sauce. Dem einen oder anderen mag die Zubereitung viel zu fettig sein, dennoch: Viele Berliner essen ihre Currywurst seit Jahren ausschließlich bei Konnopke und nirgendwo sonst! Das Rezept der Sauce ist natürlich bis heute ein absolutes Familiengeheimnis. Serviert wird auf Porzellan und wer seine Wurst geschnitten bestellt, der kann die selbstgebaute Wurstschneidemaschine bewundern.

Der Currywurststand im Prenzlauer Berg ist sogar Anlaufpunkt von Stadtführungen durch Berlin. In zahlreichen TV-Dokus, Zeitungs- und Zeitschriftenartikeln sowie Berlin-Führern huldigt man bereits der Kultbude.

Bei Konnopke trifft sich mittags so ziemlich jeder, der schnell eine Curry essen mag: Touristen, Einheimische, Bauarbeiter und Pendler, die zur Bahn wollen. Die Currywurst kostet 1,70 Euro. Gerade zur Mittagszeit ist die Schlange eigentlich immer sehr lang, aber ewig warten muss man nie, denn die Mitarbeiter sind ein eingespieltes Team, alles geht Hand in Hand: Einer brät, einer schneidet, einer kassiert. Konnopke ist nichts für Nachtschwärmer: In der Woche schließt der Imbiss schon um 20 Uhr, sonntags bleibt die Bude zu.

Fazit: Die Absolute Nummer eins in Ostberlin.

Schönhauser Allee 44a, 10435 Berlin Prenzlauer-Berg
Tel. 030 – 4 42 77 65
www.konnopke-imbiss.de
Öffnungszeiten:
Mo bis Fr 6 – 20 Uhr,
Sa 12 – 19 Uhr,
So geschlossen

Bier's Kudamm 195

WESTBERLINER KULTBUDE.
LECKERE WURST AUF PORZELLAN.
SZENIGER PROMITREFF.

Was dem Ostteil Konnopke's Imbiss, ist dem Westen Berlins
der Imbiss Kudamm 195 von Gregor Bier. Vor allem nachts
ist die Kultbude im Bezirk Charlottenburg total angesagt,
hier trifft sich gerne die schillernde Prominenz, aber auch
Yuppis und illustre Gäste lassen es sich nicht nehmen, bei
Bier´s eine Curry zu ordern. Es gilt als schick, nach dem
Theater bei Bier´s noch eine schnelle Curry zu essen. Und
bei Events wie dem Presseball oder der Berlinale wird hier
nicht nur Bier, sondern jede Menge Champagner zur Wurst
getrunken. Gerade zu Veranstaltungszeiten ist die Promidichte an dieser Bude extrem hoch. An der Wand haben sich
jede Menge VIPs verewigt: Boris Becker, Siegfried und Roy,
Udo Lindenberg, Harald Juhnke, Heiner Lauterbach, Helmut

Kohl und Gerhard Schröder haben es sich nicht nehmen lassen, bei Bier´s etwas lecker Fettiges zu essen. Schon morgens steht man bei Bier´s in der Schlange, das Personal hinterm Tresen ackert und schwitzt, um diese Zeit ist das Publikum bunt gemischt. Am Kudamm 195 stärken sich ältere Damen im Pelzmantel, die vermutlich gleich nebenan bei Gucci, Escada und Hilfiger die Tüten voll gepackt haben, genauso wie Touristen und Pärchen mit Kinderwagen.

Der Kultimbiss am Kudamm polarisiert. Entweder man liebt dieses Flair oder man hasst den Hype, der um die Bude gemacht wird: Jedenfalls vermittelt Bier's Imbiss wie kaum eine andere Bude ein Gefühl von »back to the 80ies«. Der Laden versprüht kühlen Chick: die Theke in Marmoroptik, viel Stahl, bunte Leuchtschrift und verspiegelte Wände.

Man wählt bei Bier's zwischen Currywurst mit oder ohne Darm. Die Wurst wird auf Porzellantellern serviert, ist in Stücke geschnitten, die Sauce aus Ketchup und eingekochten Tomaten ist natürlich hausgemacht. Über die Wurst gibt die Bedienung schließlich eine Mischung aus Paprika, Cayennepfeffer und Currypulver. Sie kostet 2,20 Euro.

Kurfürstendamm 195, 10707 Berlin Charlottenburg
Tel. 030 – 8 81 89 42
Öffnungszeiten:
Mo bis Do 11 – 5 Uhr,
Fr und Sa 11 – 6 Uhr,
So 12 – 5 Uhr

Curry 36

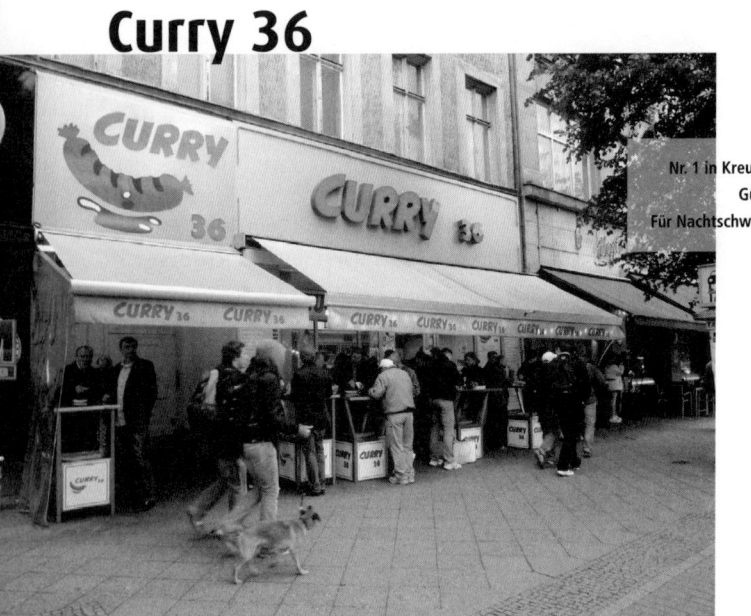

Das Curry 36 in Berlin Kreuzberg ist immer gerammelt voll. Eigentlich weiß niemand, wann und warum diese Bude am dicht befahrenen Mehringdamm zu einer der absoluten Kultbuden Westberlins wurde. Tag und Nacht bilden sich vor dem Straßenverkauf Trauben von Menschen. Vielleicht liegt es daran, dass der Imbiss von 9 Uhr in der früh bis 4 Uhr morgens geöffnet hat. Taxifahrer, Straßenbahnangestellte und betrunkene Feierwütige, die der After-Party-Hunger befällt, stehen brav in der Schlange an und warten auf ihre Wurst. Kreuzberg steht für Multikulti, alternative Szene und ein Nebeneinander unterschiedlichster Menschen. Curry 36 kennt hier jeder, und fast jeder in Kreuzberg liebt diese Bude. Die Stimmung ist eigentlich immer gut, selbst der Letzte in der

Schlange scheint sich zu freuen, dazuzugehören und gleich eine leckere Curry zu bekommen. Am Imbiss der Familie Stenschke bestellt man einfach nur »mit« oder »ohne« (Darm), die Wurst im Pappschälchen kostet bescheidene 1,50 Euro. Wer richtig Hunger hat, sollte lieber gleich eine doppelte Currywurst bestellen, denn die Portionsgrößen sind recht überschaubar. Beliebt bei Curry 36 ist auch das »Gemischte Doppel«, die Currywurst mit und ohne Darm. Das Personal ist superschnell, wer allerdings zögerlich bestellt, bekommt schon mal einen Spruch reingedrückt – Berliner Schnauze eben. Man merkt, dass hinter dem Verkaufstresen ein eingespieltes Team am Werk ist!

Die Wurst ist lecker und angenehm scharf, Currywurst im Curry 36 ist schnörkellos ohne Chichi und Gedöns. Neben Currywurst gibt es noch die anderen bekannten Imbissklassiker wie Boulette, Bockwurst und Schnitzel, aber die meisten wollen doch nur die eine!

Fazit: Curry 36 war schon immer Kult und wird es wahrscheinlich auch immer bleiben.

Mehringdamm 36, 10961 Berlin
www.curry36.de
Öffnungszeiten:
Mo bis Fr 9 – 4 Uhr,
Sa 10 – 4 Uhr,
So 11 – 3 Uhr

DomCurry

Für viele gehört der Gendarmenmarkt in Berlin-Mitte zu den schönsten Plätzen in Berlin. Drei pompöse Bauten lassen die Touristenaugen leuchten, der Deutsche Dom, der Französische Dom und das Konzerthaus. In dieser Toplage befindet sich das DomCurry, ein Imbissableger des Hilton-Hotels. An dieser Bude neben dem Deutschen Dom gibt es ein paar wirklich ausgefallene Currywurstsorten. Auf der Karte stehen Straußenwurst, Bio-Büffelwurst, Kräuterwurst, Original Berliner Wurst und sogar eine Fischcurrywurst hat der Imbiss zu bieten!

Die Fischcurrywurst schmeckt erstaunlich lecker, und das Fischaroma passt super zur Currysauce. Die Fischcurrywurst ist außerdem die fettärmste Variante von allen Wurstsorten. Sehr zu empfehlen! Die Bio-Büffelwurst ist sehr intensiv im Geschmack und ziemlich grob, das muss man mögen! Die Kräuterwurst ist sehr herzhaft und würzig und schmeckt nach intensiven Röstaromen. Alle Saucen wurden vom Küchenchef des Hilton selbst kreiert. Wer nicht auf Currysauce steht, kann zu den verschiedenen Wurstsorten andere hausgemachte Saucen wählen, wie beispielsweise Honig-Senf-Sauce, Majonäse mit Limonenaroma oder Bananensenf. Dazu gibt es verschiedene Brötchensorten: Laugenstange, Olivenbaguette, Schusterjunge oder Mini-Baguette. Das DomCurry bietet einige wirklich ausgefallene Wurstsorten an, die Currysauce harmoniert gut, leider gibt es keine unterschiedlichen Schärfegrade. Im Sommer sitzt man unter großen Sonnenschirmen und hat einen herrlichen Blick auf den Gendarmenmarkt.

Fazit: Das DomCurry bietet fast alles, was der experimentierfreudige Currywurstliebhaber wünscht. Auf Grund der Eins-A-Lage sind viele DomCurry-Besucher natürlich Berlin-Touris!

Gendarmenmarkt / Ecke Mohrenstraße 30, 10117 Berlin Mitte
Tel. 030 – 2 02 30 (Hilton Berlin)
Öffnungszeiten:
Mo bis So 11 – 18 Uhr
(im Sommer länger geöffnet)

Hotel Adlon

BERLINS EDELSTE
»CURRYWURSTBUDE«.
LUXUSWURST.
REICH UND SCHÖN.

Das Hotel Adlon am Pariser Platz gleich neben dem Brandenburger Tor ist *die* Luxusherberge in Berlin. Fünf Sterne,
edles Ambiente. Das alte Adlon gibt es schon seit dem Jahr
1907, es galt als eines der schönsten Hotels der ganzen Welt.
Im Zweiten Weltkrieg wurde es teilweise zerstört, 1984 riss
man es schließlich ganz ab. Doch 1997 eröffnete das noble,
neu aufgebaute Hotel wieder. Luxus pur schon in der Lobby:
Handgearbeitete Teppiche, meterhohe Decken und weiche
bequeme Sessel. Wasser plätschert aus einem indischen
Brunnen, darüber spannt sich eine farbige Glaskuppel. Da-
zwischen sieht man livrierte Kellner, die ihren vornehmen
Gästen jeden Wunsch dezent von den Lippen ablesen, im
Hintergrund leise Klaviermusik. Politiker, Popstars, Indus-
trielle, Europas Könige und Kaiser residierten im Adlon, und

prominente historische Zeitgenossen wie Thomas Mann, Marlene Dietrich und Charlie Chaplin stiegen hier gern einmal ab. Kaum zu glauben, aber auch das Adlon Restaurant Quarré bietet seinen Gästen eine original Berliner Currywurst an. Die kann man in Sommer auch auf der Terrasse mit Blick auf das Brandenburger Tor genießen oder in der Lobby des Luxushotels verspeisen. Küchenchef Axel Hirtzbruch erklärt: »Aufgrund der erstaunlich hohen Nachfrage haben auch wir die Currywurst mit auf die Karte genommen, und jetzt verkaufen wir rund 100 bis 300 Currywürste in der Woche.« Klar, dass die Wurst aus dem Spitzenrestaurant nur fürs Adlon hergestellt wird und die Sauce vom Küchenchef persönlich kreiert wurde: die Currysauce ist mit Vanille, frischer Mango und Goa-Curry abgeschmeckt, sie ist sehr pikant und extrem scharf. Dazu werden im Adlon selbst gemachte Pommes im Glas serviert. Stolze 16,50 Euro kostet der Spaß! Wer ein Glas Champagner dazu bestellt, zahlt mal eben 32 Euro. Satte Preise, aber dafür speist man im Edelambiente, und wer bis zu über 1000 Euro für eine Suite pro Nacht ausgibt, dem kommt es wahrscheinlich auf die paar Kröten für die Wurst nicht an. Wer nach der Edelwurst noch Hunger hat, bestellt einfach sechs Sylter Royal Austern mit Estragon und Schalotten Vinaigrette, Tatar vom Jungbullen mit Kapern oder zehn Gramm Kaviar mit Crème fraîche mit Blini.

Fazit: Das Adlon ist wohl die edelste und luxuriöseste »Currywurstbude« Berlins.

Unter den Linden 77, 10117 Berlin
Tel. 030 – 22 61 17 03
www.hotel-adlon.de
Restaurant Quarré: Öffnungszeiten:
täglich 6:30 – 23 Uhr

Witty's

Witty's ist eine der wenigen Imbissbuden in Deutschland, die wirklich auf Bio setzen. Nicht nur die Currywurst stammt vom Bio-Erzeuger, sondern auch die Pommes und das Frittierfett. Seit 1984 gibt es in Berlin die Currywurstbude am Wittenbergplatz schon, gleich vis-à-vis des KaDeWe, und seit 2003 setzt der Imbiss voll auf ökologisch korrekte Produkte.

Klar, dass hier vor allem Ku'damm-Shopper schnell eine Wurst (mit oder ohne Darm) verdrücken, aber auch ein bunter Mix an Touristen mampft hier die Biowurst an Stehtischen. Die Schlangen an der Bude sind entsprechend lang, das Personal ist aber schnell und sehr freundlich. Dazu gibt es – logisch – eine Bionade. Das Preisniveau für die Currywurst ist im Witty's ein bisschen höher als an anderen

Berliner Buden: die Wurst kostet 3 Euro. Dafür sind alle Zutaten ökologisch korrekt hergestellt und das Fleisch stammt vom Anbauverband Naturland. Naturland-Bauern erzeugen Fleisch ohne Gentechnik und arbeiten mit hohen ökologischen Standards.

Fazit: Hier isst man eine leckere und ökologisch korrekt hergestellte Currywurst ohne schlechtes Gewissen.

Wittenbergplatz, 10789 Berlin
Tel. 030 – 2 11 94 94
www.wittys-berlin.de
Öffnungszeiten:
Mo bis Sa 11 – 20:30 Uhr,
So 12 – 20 Uhr
(im Sommer länger geöffnet)

Currywurst Berlin & Friends

**KULTBUDE DER 80ER.
ZUR WURST GIBT'S KAFFEE GRATIS.
BUNT GEMISCHTES PUBLIKUM.**

Die nostalgische Bude steht ziemlich unromantisch an der Bundesallee, einer breiten Straße im Bezirk Wilmersdorf, gleich neben einer Tankstelle. Irgendwie wirkt die Imbissbude wie ein Relikt aus guten alten Zeiten. Den Imbiss gibt es schon seit mehr als 36 Jahren, und wie fast überall in Berlin bietet die Bude Currywürste mit und ohne Darm an. Der Ketchup wird hausgemacht und warm über die Wurst gegeben. Wenn es kalt wird, gibt es für die frierenden Kunden einen Kaffee gratis zur Wurst.

Hochsaison von Currywurst Berlin & Friends waren die 70er und 80er Jahre. Damals gab es kaum einen Promi, der nicht schon mal an der Bude in der Bundesallee eine Wurst verdrückt hat. Wim Wenders hat in den 80er Jahren mit Peter

Falk ein paar Szenen für den Film »Himmel über Berlin« an diesem Imbiss gedreht. Harald Schmidt schwörte auf die Currywurst bei Berlin & Friends und schrieb ins Gästebuch der Bude: »Es war ein Erlebnis.«

Fazit: Die Wurst ist lecker, die Sauce hat nur wenig Schärfe und die Bedienung ist freundlich. Wer zu Currywurst Berlin & Friends geht, der weiß, was er hat.

Bundesallee 200, 10717 Berlin
Tel. 030 – 214 33 88
www.currywurst-berlin.de
Öffnungszeiten:
täglich 10 – 5 Uhr

Im Biss – Curry und mehr

BERLINS KLEINSTE
IMBISSBUDE.
SPEZIALSAUCE.
BERLIN-BESUCHER,
SHOPPER, MITTAGESSER.

Der Im Biss an der Tauentzienstraße (die Verlängerung des Ku'damm) ist die wohl kleinste Currywurstbude Berlins. Auf gerade mal 5,8 Quadratmetern wird hier gebrutzelt und frittiert. Mittags schauen am Straßenverkauf die hungrigen Geschäftsleute vorbei, in den Sommermonaten stärken sich die Touris am Mini-Imbiss. Inhaber Jörg Pflugmacher bietet Currywurst mit und ohne Darm für bescheidene und Berlin übliche 1,70 Euro an. Das Besondere an dieser Imbissbude ist die Spezialsauce, mit dem verlockend klingenden Namen »Opium«. »Ich bin öfters im Urlaub mit dem Segelboot in der Karibik unterwegs, da hab ich diese scharfe Gewürzmischung entdeckt«, erzählt Pflugmacher. Mittlerweile hat sich die selbst gemixte Sauce zum absoluten Renner am Im Biss entwickelt. »Wir importieren das exotische Gewürz inzwischen regelmäßig aus der Karibik, um damit unsere

Currysauce zu verfeinern«, erzählt der Inhaber. »Acht von zehn Kunden bestellen bei uns die Opiumsauce!« Neben anderen Imbissklassikern, wie Bouletten, Pommes, Bratwurst und Kartoffelsalat, bietet der Im Biss den Kleinsten ein Wiener Würstchen für gerade mal 90 Cent an. Sympathisch!

Rankestraße 36, 10789 Berlin
Tel. 030 – 2 14 02 62
www.im-biss-berlin.de
Öffnungszeiten:
Mo bis Sa 9:30 – 21 Uhr

Krasselt's

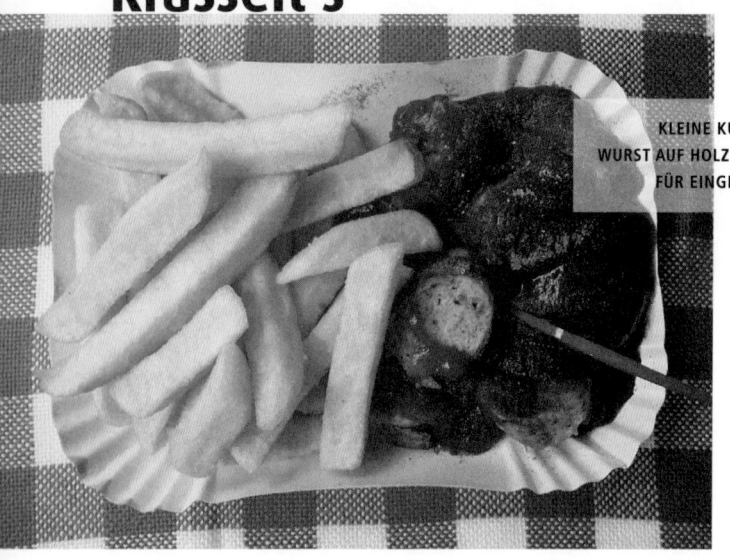

KLEINE KULTBUDE.
WURST AUF HOLZPIEKERN.
FÜR EINGEWEIHTE.

Der kleine Kultimbiss im Berliner Bezirk Steglitz sieht aus, wie eine einfache Bude aussehen muss: kleiner Tresen, ein paar Stehtische davor, mehr nicht. Hier wird die Wurst ausschließlich ohne Darm serviert. Das Besondere bei dieser Bude: Krasselt's Wurst wird nicht klein geschnitten, sondern in der Mitte geteilt und die beiden Hälften werden auf Holzspieße gepiekt. Erstaunlicherweise scheiden sich hier die Geister, die weiche Wurst ohne Darm polarisiert und entfacht regelmäßig hitzige Diskussionen unter eingefleischten Currywurstfans. Manche schwören auf die eher weiche Konsistenz, andere mögen diese Variante überhaupt nicht: Viele lieben den ungewöhnlichen Geschmack von Krasselt's hausgemachtem Ketchup, anderen ist die Sauce zu süß. Auch das bleibt natürlich Geschmackssache. Tipp: Schön schnell wegmampfen, sonst wird die Wurst bald schrumpelig. Man kann die Currywurst auf Wunsch natürlich auch schärfer bestellen und wer mag, ordert obendrauf die hausgemachten »spezialgewürzten« frischen Zwiebeln.

Steglitzer Damm 24, 12169 Berlin
Öffnungszeiten:
Mo bis Sa 9:30 – 1 Uhr,
So 12 – 0 Uhr

Bratwursthaus

KULTBUDE IM REVIER.
DIE »ECHTE«.
GELIEBT VON JUNG UND ALT.

Das Bochumer Bratwursthaus ist im ganzen Ruhgebiet bekannt und hat in Bochum absoluten Kultstatus. Die Metzgerei Dönninghaus stellt die Würste selber her und verkauft die Currywurst im holzverkleideten Imbiss, mitten in der Bochumer Innenstadt in der Fußgängerzone. Das Wurstrezept ist ein streng gehütetes Familiengeheimnis und wurde über Generationen weitergegeben.

Schick und stylisch ist anders: Trotz Renovierung und Erweiterung ist das Bratwursthaus eine schlichte Holzbude. Völlig egal, denn die »Echte« von Dönninghaus ist in Bochum so bekannt wie Grönemeyer und der VFL. Fans können im Internet sogar T-Shirts und Grillschürzen mit dem Logo und dem Spruch »Die Echte von Dönninghaus« bestellen. Dass Grönemeyer in seinem Kultsong (»Gehse inne Stadt, wat macht dich da satt, ne Currywurst. Kommse vonne Schicht, wat schönret gibt et nich als wie Currywurst«] just die »Echte« von Dönninghaus meinte, ist widerlegt. Die Geschichte wird in Bochum trotzdem immer gerne weitererzählt.

Das Angebot an der rustikalen Holzhütt'n ist puristisch und beschränkt sich aufs Wesentliche: Brüh-, Brat- und die Currywurst im Pappschälchen für 2,20 Euro. Inzwischen gibt es monatlich wechselnde Currywurstkreationen. Dazu ein halbes Brötchen. Seit Neustem werden auch Pommes angeboten. Die Wurstportion ist übersichtlich, wer ordentlich Hunger hat, bestellt am besten gleich die doppelte Portion. Die Wurst ist super zart und erinnert ein bisschen an Geflügelfleisch. Auch die Sauce ist sehr gut und das Rezept mittlerweile schon 50 Jahre unverändert: scharf, dunkel, dickflüssig und sehr würzig. Man kann die Sauce hier auch für 3 Euro in Gläsern kaufen, Fans bestellen gleich den Zehn-Kilo-Eimer im Internet.

Fazit: Die Bochumer lieben ihre »Echte« am Bratwursthaus. Am Wochenende hat die Kultbude bis vier Uhr morgens geöffnet, und selbst um diese Zeit bilden sich Schlangen.

Kortumstraße 18, 44787 Bochum,
Tel. 0234 – 68 42 70
www.bratwursthaus.com
Öffnungszeiten:
Mo bis Do 10 – 0 Uhr,
Fr, Sa und vor Feiertagen 10 – 4 Uhr
So 11 – 0 Uhr

Bochum

Profi-Grill

PROFIWURSTBUDE.
WÜRZIG, LECKER, SCHARF.
GÄSTE AUS DER
GANZEN REPUBLIK.

Eine weitere Imbissbuden-Institution im Ruhrpott: der Profi-Grill in Bochum-Wattenscheid. Inhaber Raimund Ostendorp ist ein absoluter Kochprofi. Er stand im Düsseldorfer noblen 3-Sterne-Restaurant Schiffchen als Demi-Chef de Cuisine am Herd. Dann die Wende um 180 Grad: »Ich hatte keine Lust mehr auf den Druck in der Sterneküche«, sagt Ostendorp. »Ich bin im Herzen der Junge vom Niederrhein, da wird Klartext gesprochen, in der Sterneküche verliert man doch den persönlichen Kontakt zu seinen Gästen. Auch wenn der Laden gerammelt voll ist, muss Zeit für ein Schwätzchen mit den Leuten bleiben.« Täglich kauft der Profi seine Würste frisch von einem Bochumer Metzger, mindestens 200 Stück pro Tag. Die Sauce wird morgens früh vom Koch persönlich in der kleinen Küche angerührt. Ostendorp schwört auf frische Zutaten für seine Currysauce: Tomaten, Fonds und frische Kräuter. »Ich bin ja immer noch Koch und arbeite mit der selben Liebe zu den Produkten«, sagt der Profigriller. Currypulver aus Thailand gibt der Sauce ein ganz besonderes Aroma. Fertigketchup kommt ihm nicht in die Töpfe. Und das schmeckt man. Die Sauce ist tatsächlich sehr lecker und die Schärfe brennt im Mund nach. Auch die Wurst selber schmeckt sehr scharf und zart, garniert wird das Ganze mit etwas Petersilie. Da merkt man, dass hier tatsächlich ein Koch am Grill steht. Die Portion ist sehr groß, die Currywurst kostet günstige 2,20 Euro.

Trotz Medienhype (von der FAZ über Financial Times bis hin zur »Sendung mit der Maus«) bleibt der Imbiss in Wattenscheid lediglich eine Pommesbude. Innen sieht es aus, wie es in einem echten Ruhrpott-Imbiss aussehen muss. Rustikal, ein paar Tische in bunter Retro-Optik, jeder Platz ist besetzt. Das Publikum ist bunt gemischt. Vor der Tür hält auch schon mal ein fetter Sportwagen. Doch die wenigsten Gäste kommen aus Bochum und alle haben schon mal vom Profi-Grill gehört. Es ist unglaublich laut im kleinen Gastraum, und es riecht nach Frittenfett. Die Schlange geht bis auf die Straße, ganze Trauben von Menschen stehen vor der Imbissbude. Drängeln ist allerdings zwecklos. Da wird die Meute schnell rabiat.

Fazit: Der Profi-Grill bietet Fast Food vom Profi in Sterne-Qualität ohne das aufgesetzte Sterne-Ambiente. Angenehm!

Bochumer Straße 96, 44866 Bochum-Wattenscheid
Tel. 02327 – 8 23 61
www.profi-grill.de
Öffnungszeiten:
täglich von 11 – 22 Uhr

Blondies bio fast food

GEMÜTLICHE BIOBUDE.
TOFUWURST.
SZENIG, ALTERNATIV, ÖKO.

Der kleine Imbiss Blondies bio fast food ist erst auf den zweiten Blick als Fast-Food-Laden zu erkennen. Draußen vor dem Schaufenster steht eine gemütliche Couch, innen ist alles liebevoll und ein bisschen öko eingerichtet. Nette Sprüche am Spiegel, ein bunter Deckenleuchter und ein paar Holztische machen den Laden gemütlich. Die Wände sind gelb und lila gestrichen, es läuft cooler Alternativ-Rock. Hier isst die alternative Szene, Studenten und Mütter mit kleinen Kindern. Obercoole Businessleute und Anzugträger wird man im Blondies eher nicht finden. Wer hierher kommt, der will lecker und gesund essen: Die studierte Sozialwissenschaftlerin Andrea Münter und Uwe Twiehoff haben den Bio-Imbiss erst im Sommer 2008 eröffnet. Auf der Speisekarte stehen vegetarische und fleischige Gerichte. Es gibt die Biocurrywurst einmal als klassische Fleischvariante und als Tofuwurst. »Wir wollen nicht, dass die Zutaten von weit her gekarrt werden«, sagt Uwe Twiehoff. »Das entspricht nicht unserem Konzept.« Fast alle Zutaten kommen daher von Biobauernhöfen aus der Gegend und von regionalen Lieferanten. »Wir verarbeiten deshalb auch keine Südfrüchte«, sagt Twiehoff. Sogar die (Fertig-)Pommes sind ein Bioprodukt. Wer seine Essen mitnehmen will, bekommt es in biologisch korrekten Verpackungen.

Die Currysauce im Blondies ist selbst gemacht und hat mit einer klassischen Currysauce eher wenig zu tun. Sie ist sehr süßlich und würzig und hat einen ganz eigenen Geschmack. Das Essen wird auf bunten Porzellantellern serviert, dazu gibt es kleine Holzgäbelchen.

Beide Wurstvarianten kosten 3,20 Euro. Den »Mantateller« (große Portion Pommes mit Currywurst) gibt es für 4,50 Euro, der »Corsateller« (kleine Portion Pommes mit Currywurst) wird für 3,90 Euro angeboten. Für Bioqualität muss man eben ein bisschen tiefer in die Tasche greifen, aber das ist gerechtfertigt. Auch Veganer können hier unbedenklich essen: Es gibt sogar vegane Hamburger und Muffins. Für Ökos, Lohas, Veggis und Veganer ist das Blondies in Bochum also die erste Fast-Food-Anlaufstelle.

Nordring 52, Ecke Hans-Böckler-Str., 44787 Bochum
Tel. 0234 – 8 93 65 79
www.blondies-bochum.de
Öffnungszeiten:
So und Mo 17:30 – 21 Uhr,
Di bis Fr 12 – 21 Uhr,
Sa 12 – 18 Uhr

Bochum

Scharfrichter

CURRYWURSTLOUNGE.
NACH OBEN OFFENE
SCHÄRFESKALA.
FÜR ERFINDER.

Beim Scharfrichter in Bremen gilt das Konzept: spice up your life. Restaurantinhaber Ingo Koopmann hatte eine Idee. In der Scharfrichterlounge können die Gäste bei der Currysauce zwischen unendlich vielen Schärfegraden auswählen. Ab dem vierten Schärfegrad muss man sich Stufe für Stufe hocharbeiten. Mit einem kleinen Stückchen Wurst ist es allerdings nicht getan, nur wer die ganze Höllenwurst verdrückt, ist eine Schärfestufe weiter! Aber Vorsicht: Nicht jeder bekommt sofort eine Portion Currywurst mit Höllensauce. Ab Schärfegrad 6 muss man vorher ein bisschen Sauce probieren. Wer den aktuellen Rekord bricht, darf der Sauce einen Namen verpassen. Zusätzlicher Anreiz: ein Eintrag in der Hall of Fame im Internet. Wer eine Schärfestufe geschafft hat, kann sich das außerdem auf einer Punktekarte abzeichnen lassen. Die Rekordjagd lässt sich natürlich beliebig fortsetzen.

Doch werden im Bremer Currywurstrestaurant auch milde Curryvarianten angeboten. Die Currywurst classic beispielsweise ist überhaupt nicht scharf und kostet 2,50 Euro. An Werder Spieltagen kommt für Fans nur die Currywurstvariante »Grün weiß« in Frage – mit Kräutersenf und Meerrettich. Hinter dem Menue »Kalaschnikow« verbirgt sich übrigens eine Currywurst mit 2 cl Wodka.

Fazit: Wer endlich mal einer Currysauce einen originellen Namen geben möchte, kann sich im Bremer Scharfrichter daran versuchen.

Martinistraße 70, 28195 Bremen
Tel. 0421 – 27 63 98 78
www.scharfrichter-lounge.de
Öffnungszeiten:
Mo bis Do 11:30 – 23 Uhr,
Fr und Sa 11:30 – 1 Uhr,
So 16 – 23 Uhr

Der Thüringer Curry

INNENSTADTLAGE.
RIESENANGEBOT.
HIER IST FÜR JEDERMANN
WAS DABEI.

Mitten in Dortmunds Innenstadt gelegen ist der Thüringer wohl die bekannteste Currywurstbude der Stadt. Bude ist allerdings das falsche Wort, Fast-Food-Tempel passt schon besser. Der Laden erstreckt sich über zwei Etagen, riesige geschwungene Glasfenster, Holzdielen und hohe Tische tragen zur eher schicken Atmosphäre bei. Die Bedienung hinter der Theke hat gut zu tun, die Schlangen sind lang, und es gibt sowohl einen Straßenverkauf als auch den Wurstverkauf im Laden. Da steht man schon mal ein Weilchen an! An Samstagen sitzen hier nicht nur die Borussia-Fans, auch die gegnerische Fanliga stärkt sich im Thüringer gerne mit einer Currywurst.

Der Laden setzt auf das Konzept: viel von allem! Er bietet seinen Gästen so ziemlich jede Art von Currywurst- und Saucenkombination. Als Spezialität steht natürlich die original

Thüringer Currywurst mit der hausgemachten Sauce für 2,65 Euro auf der Karte. Wer die Wahl hat, hat die Qual zwischen einer Dortmunder Wurst, Berliner Wurst, Krakauer, Fleischwurst oder Chiliwurst. Dazu hier nur eine kleine Saucenauswahl: Zigeunersauce, Jägersauce, Sauce Berliner Art, Schmecktlecker-Sauce, Pfeffer-, Satésauce und und und.

Fazit: Der Thüringer in Dortmund ist die zentrale Adresse, wenn's um eine Riesenauswahl und den schnellen Genuss geht.

Markt 2, 44137 Dortmund,
Tel. 0231 – 21 40 90
www.der-thueringer.de
Öffnungszeiten:
täglich ab 10 Uhr

Imbiss Hohe Straße

KLEINER KULTIMBISS.
ASIATISCHE CURRYSAUCE.
FUSSBALLFANS UND
RUHRPOTTORIGINALE.

Der Imbiss an der Hohen Straße liegt ganz in der Nähe des Stadions. Klar, dass hier jede Menge Fußballfans auf eine schnelle Manta-platte vorbeikommen. Die Eckbude heißt einfach nur »Imbiss« – und das passt. Der schrammelige Imbiss ist reduziert auf das Wesentliche: eine kleine Verkaufstheke, Kachelboden, ein paar Tische. Über der Bude hängt die Deutschlandflagge, an den Wänden jede Menge bunter Nippes, Schmetterlinge, ein paar Topfpflänzchen und der obligatorische Borussia-Schal. Es riecht nach Frittenfett, und an den Wänden pappen die Angebote handgeschrieben auf Papier in Klarsichtfolien.

Das macht diesen kleinen Imbiss irgendwie sympathisch. Denn hier kommt es auf den Geschmack und nicht auf super Luxusambiente an. Wer hier isst, der braucht kein Blattgold auf der Wurst und wird mit Sicherheit auch keinen Schampus zu seiner Curry bestellen, sondern ein kühles Pils! Seit zehn Jahren ist Kanniah Jeyakaran aus Sri Lanka der Besitzer des Imbiss. Der 42-Jährige trifft den Geschmack der Dortmunder, der Imbiss hat sich zu einer angesagten Currylocation entwickelt. Es gibt zwei Currywurstvarianten: »Normal« und »Mexikanische Sauce mit Gemüse, extra scharf« oder auch »Feuersoße« genannt. Normal heißt hier eher gut bürgerlich, die Sauce schmeckt ein wenig nach Gulasch und hat mit der klassischen Currysauce wenig zu tun. Dafür ist die scharfe Variante umso ausgefallener und wirklich köstlich. Jeyakaran verfeinert sie mit Gewürzen aus dem Asia-Markt und eingelegtem Gemüse wie Maiskölbchen und Zwiebeln. Interessante Kombination: ein Indonesier kocht eine mexikanische Sauce mit Zutaten aus dem Asiamarkt für ein urtypisch deutsches Nationalgericht. Die Preise sind dem Ambiente angemessen: Beide Currywurstvarianten kosten günstige 1,80 Euro, die kleine Pommes nur 1 Euro.

Hohe Straße 79, 44139 Dortmund
Tel. 0231 – 27 86 56
Öffnungszeiten:
Mo bis Sa 11:30 – 20:45 Uhr,
So und an Feiertagen geschlossen.
An jedem BVB-Heimspieltag geöffnet.

Dortmund

Curry & Co

DESIGNERBUDE.
OSTWURST.
HIPP UND MODERN.

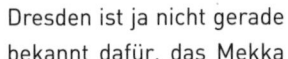

Dresden ist ja nicht gerade bekannt dafür, das Mekka der Currywurst zu sein. Um so erfreulicher, dass es sich die Schwestern Simone und Susanne Meyer-Götz zur Aufgabe gemacht haben, das zu ändern. Seit März 2006 betreiben die gebürtigen Stuttgarterinnen das Curry & Co. Eigentlich wollten die Designerin und ihre Schwester, eine studierte BWLerin, eine Bar eröffnen, aber Papa Meyer-Götz meinte: »Macht doch eine Currywurstbude auf, schließlich gibt es hier in Dresden keine gute Wurst!« Gesagt, getan.

Das Curry & Co ist schlicht und modern. Die Thekenelemente stehen auf Rollen, so dass die ganze Einrichtung variabel ist und umgebaut werden kann. An der Decke hängt ein edler Kronleuchter, die Wände sind hell und schlicht. Die einfachen Holztische zum Sitzen können auch als Stehtische umfunktioniert werden. Nette Idee: In allen Tischen sind Löcher, in die man die spitzen Pommestüten aus Papier stecken kann. Kein Problem mehr mit herausquellenden, saucenverschmierten Fritten, die sich quer über den Tisch verteilen. Die Currywurst wird im Pappschälchen mit Pieker angeboten – ganz klassisch, old school eben. Hier merkt man, dass eine Designerin am Werk ist. Für das schicke und praktische Interieur ihres Ladens haben die Schwestern sogar den Sächsischen Staatspreis für Kommunikationsdesign bekommen. Aber viel wichtiger als das Drumherum sind natürlich die Würste: Ganz in der Tradition des Ostens gibt es im Curry & Co nur Wurst ohne Darm, man wählt zwischen einer geräucherten, einer gebrühten, einer Rinds- oder einer Tofuwurst. Dazu kommen sechs verschiedene, hausgemachte Saucen. Alle vier Wochen wird eine andere Sauce des Monats angeboten: darunter so ausgefallene Kreationen wie Glühwein-Schoko, Erbsen-Minze-Curry oder Lebkuchensauce. Der Laden in der Dresdner Neustadt bietet sowohl Businessleuten als auch Studenten und Familien einen schnellen Snack zu Mittag, auch Nachtschwärmer kommen gerne vorbei. Die Preise sind in Ordnung, das Economy-Menü mit Currywurst und Pommes kostet 3,50 Euro, das Business- Menü mit Currywurst, Pommes und einem Getränk gibt es für 5 Euro und selbst das First-Class-Menü, mit der obligatorischen Flasche Schampus (Piccolo) kostet »nur« 15,50 Euro. Die einfache Currywurst ist für 2,20 Euro zu haben. **Fazit:** Szeniger Laden mit einem stimmigen Konzept und freundlicher Atmosphäre.

Curry & Co Louisenstraße 62, 01099 Dresden
Tel. 0173 – 9 76 54 97
www.curryundco.com
Öffnungszeiten:
So, Mo, Di, Mi von 11 – 22 Uhr,
Do von 11 – 24 Uhr,
Fr, Sa von 11 – 2 Uhr

Dresden

City Grill

Eigentlich ist der City Grill eine Pommesbude wie jede andere auch: Straßenverkauf, das übliche Angebot, Pommes, Currywurst, Burger. Trotzdem hat der City Grill in Duisburg einen gewissen Kultstatus. Denn im legendären Duisburg-Tatort verschlangen hier Kommissar Horst Schimanski (Götz George) und sein Kollege Christian Thanner (Eberhard Feik) ihre Currywürste und tranken ein Bier dazu. Auch privat kamen die beiden Schauspieler während der Dreharbeiten zum City Grill, um etwas zu essen. Von diesem Image lebt der City Grill noch immer: Mittags und abends stehen die Leute Schlange vor der unscheinbaren Imbissbude, die sich schon seit 1964 hier in der Duisburger Innenstadt befindet. Der Inhaber, Dr. Koch, ist eigentlich Zahnarzt und wurde vor einigen Jahren von einem Bekannten gefragt, ob er nicht Lust hätte, den Grill zu übernehmen. Seiner Frau sei die Imbissbude so ans Herz gewachsen, sie wolle den Laden nur »in gute Hände« abgeben, meinte der Anrufer. Koch sagte zu, in der Annahme, der Bekannte würde sich nie wieder melden. Aber ein Jahr später kam der Telefonanruf, der den Zahnarzt an sein Versprechen erinnerte. Das war der Auftakt zu einer ganzen Reihe Imbissbuden in Duisburg. Koch ist mächtig stolz darauf, dass auch schon Exkanzler Schröder an seiner Bude eine Currywurst verspeist hat. Seit 40 Jahren kommt außerdem regelmäßig die Polizei im Mannschaftswagen vorbei oder Großkunden wie die Müllabfuhr. Die Currywurst kostet super günstige 1,60 Euro. Als Alternative werden Curry Fleischwurst, Curry Bratwurst und Berliner Wurst angeboten. Die kleine Pommes gibt es schon für 1 Euro.

Steinsche Gasse 31, 47051 Duisburg
Tel. 0203 – 2 57 50
Öffnungszeiten:
Mo bis Fr 11 – 0 Uhr,
Sa 11 – 1 Uhr,
So 14:30 – 0 Uhr

Duisburg

Curry

**CURRYWURSTRESTAURANT.
GOLDWURST UND SCHAMPUS.
SZENE & PROMIS.**

Das Curry in Düsseldorf war laut Aussage des Inhabers, das erste Currywurstrestaurant in Deutschland! Auch den Trend der »Currywurst mit Blattgold« haben die Düsseldorfer wohl kreiert. Das kam so: Kurz nach der Eröffnung 1999 brachte ein Stammgast ein Stückchen Blattgold mit in den Laden und bat den Koch, die Currywurst für einen Freund mit dem Edelmetall zu belegen. Die goldige Wurst fand so viel Anklang, dass der Inhaber ab diesem Zeitpunkt Currywurst mit Blattgold anbot. Mittlerweile hat die Goldwurst jede Menge Nachahmer gefunden und wird in vielen Currywurstrestaurants angeboten.

Das Curry passt mit seinem coolen, lockeren Bar-Ambiente perfekt in die nordrheinwestfälische Landeshauptstadt. Hier essen vor allem Businessleute, Promis und das Szenepublikum ihre Wurst. Fest steht: vom fettigen Trash-Imbiss ist das Curry meilenweit entfernt, und eine Mantaplatte oder Pommesschranke wird hier auch nicht bestellt. Die viel zitierte Currywurst mit Blattgold gibt es für 5 Euro. Die Glitzer-Glamour-Wurst sieht tatsächlich richtig hübsch aus, man sollte sie jedoch schnell essen! Wer noch nie eine Edelmetallwurst probiert hat, sollte das jedenfalls im Curry in Düsseldorf ausprobieren. Leicht dekadent, aber hier irgendwie okay: das obligatorische Gläschen Champagner zur Goldwurst. Derb trifft fein: Die Blubberbrause passt sehr gut zum intensiven Curryaroma der Sauce.

Die Currywurst Berliner Art wird mit drei Saucenvarianten angeboten: normal, fruchtig oder pikant. Die Rezepturen der Wurst und der Saucen wurden vom ehemaligen Sternekoch Robert Hülsmann mit entwickelt. Jürgen Mauermann, der Gründer von Curry, sagt selber, er biete seinen Gästen »slow fast food«. »Eine 1-Euro-Wurst kann es bei uns nicht geben und auch Schärfe-Olympiaden machen wir nicht mit«, so Mauermann.

Fazit: Das Curry bietet qualitativ hochwertige Produkte, hausgemachte Saucen und ein szeniges, stylisches Ambiente. Wenn Goldwurst mit Champagner, dann die »Originale« im Curry in Düsseldorf.

Moltkestraße 115, 40479 Düsseldorf
Tel. 0211 – 5 14 32 56
www.curry-deutschland.de
Öffnungszeiten:
Mo bis So 11:30 – 23 Uhr

Düsseldorf

Zum Xaver

KULTBUDE.
WURST MIT GEHEIMSAUCE.
Ü 30.

Beim Xaver in Essen-Holsterhausen sieht es aus, wie es in einer Currywurstbude im Revier aussehen muss: klein, eng, an der Wand ein blinkender Spielautomat und Bilder von Rot-Weiß Essen aus besseren Tagen. Dunkel und etwas gammelig, mag man meinen. Schön ist das nicht, aber dafür echt und unverfälscht. Es riecht nach Fritten und gebratenen Hähnchen. In der kleinen Kühltheke stehen die rohen Schaschlik-Spieße und der Kartoffelsalat.

Den Familienbetrieb gibt es bereits seit 1958, und heute stehen Vater Xaver Hartweg und Sohn Thomas Tag für Tag hinter dem Grill. Der Xaver gehört also mit Sicherheit zu einer der ältesten Imbissbuden Deutschlands und verdient alleine deshalb schon Aufmerksamkeit!

Die Schlange geht bis auf die Straße, die meisten Budenbesucher sind eher über 30. Xaver Hartweg ist mächtig stolz auf seinen Laden. Alle vom Fernsehen waren schon da und der Xaver hat schon zig Wettbewerbe um die beste Wurst im Revier gewonnen. Sein Geheimnis? »Dat is die Sauce«, grinst der Budenbesitzer. Das Rezept ist seit 20 Jahren unverändert. Eine Grundsauce und fünf Zutaten. Aber nachfragen lohnt sich nicht. Absolutes Staatsgeheimnis. Man habe ihm schon viel Geld für das Rezept geboten, aber nur der Sohn und er kennen die genaue Rezeptur. »Das verrat ich nicht, da wäre ich ja schön blöd!«, lacht der Imbissbesitzer.

Zuerst kommt die Wurst (im Ganzen) auf den Porzellanteller, dann streut Hartweg Paprika und Chilipulver drüber, erst dann folgt der Klatsch Sauce drauf. Klar schmeckt die Wurst, auch die Sauce ist gut. Hartweg kommt so richtig ins Schwärmen, er verwendet nur allerbestes Rapsöl, die Zutaten werden jeden Tag frisch eingekauft, das sei ja heute alles keine Selbstverständlichkeit mehr und sein Konzept sei von Anfang an gewesen: »Nur Frische zählt.« Wer so mit Herzblut seine Würste brät und täglich eimerweise Geheimsaucen anrührt, bei dem isst man einfach gerne. Die Preise sind okay: Die Currywurst kostet 2,40 Euro. Pommes klein ohne alles 1,30 Euro.

Fazit: Seit Jahrzehnten ehrliches Ruhrpott-Fast-Food.

Gemarkenstraße 44, 45147 Essen
Tel. 0201 – 77 19 30
Öffnungszeiten:
täglich 12 – 21 Uhr

Worscht-Börse

IMBISS-BUS.
CURRYWURST SÜSS-SAUER.
FÜR BANKER
UND BAUARBEITER.

Vom Investmentbanker zum Wurstverkäufer – die Boulevardmedien haben sich auf die ungewöhnliche Geschichte von Wurstbudenbesitzer Thomas Brauße gestürzt. Jeder wollte über seine »Karriere« berichten. Das bescherte dem Frankfurter Imbissbesitzer sogar Auftritte bei Thomas Gottschalk und Anne Will. Der Grund für den Medienhype: Würstchenbrater Brauße war im früheren Leben erfolgreicher Investmentbanker, jonglierte mit Millionenbeträgen und verlor im Jahr 2008 während der Finanzkrise seinen Job in einer Investmentbank. Damals war Schluss mit steiler Karriere, Personalverantwortung und fettem Einkommen. Richtig frustriert wirkt der 1,97-Mann hinter der Verkaufstheke aber nicht. »Irgendwann hat es gereicht mit den Millionendeals, da kam die Kündigung und die Idee mit der Würstchenbude. Es war ein kleiner Befreiungsschlag für mich.«

Brauße investierte reichlich Kohle und eröffnete seinen neuen Arbeitsplatz. Ein rollender Imbissbus in der Nähe seines alten Arbeitsplatzes, im Frankfurter Messe- und Bankenviertel. Den rund 11 Meter langen Linienbus, Baujahr 1981, Modell MAN SL 200, ersteigerte er im Internet. Brauße ließ ihn mit Edelstahl verkleiden und einen Grill einbauen. Leider steht der coole Bus nicht mehr frei, sondern wird von einem hölzernen Vordach etwas verdeckt. Das sieht nicht so schön aus, dafür sitzt man allerdings im Winter im Warmen! Jeden Morgen um neun Uhr steht der ehemalige Banker jetzt hinterm Grill. »Viele meiner Kunden sind ehemalige Kollegen«, witzelt Brauße. »Ich glaube, die meisten finden es ganz cool oder sind sogar ein bisschen neidisch auf meine neue Freiheit.« An der Frankfurter Worscht-Börse gibt's drei Currywurstvarianten: Das Menü Dax (Currywurst classic), die Variante Nikkei (süß-sauer) und die Sauce Dow Jones (Barbecue-Sauce). Außerdem bietet Brauße zwei unterschiedliche Schärfegrade an. Die Currywurst ist bei ihm für 2,70 Euro zu haben.

Fazit: Den Bankern und Bauarbeitern schmeckt's an der Worscht-Börse.

Osloer Straße 2, 60327 Frankfurt a. M.
Öffnungszeiten:
Mo bis Fr 9 – 15 Uhr,
Sa und So geschlossen

Snack Point
»Best Worsch in Town«

»Godfather of Worscht« oder »Würstchendreher«, so bezeichnet sich Lars Obendorfer gerne selber. Der gutgelaunte Kultbudenbesitzer ist längst selber zu einer Frankfurter Institution geworden. »Den Lars« kennt in der Mainmetropole irgendwie jeder und jeder kennt die Kultbude »Best Worsch in Town«. Mittags bilden sich riesige Schlangen vor der Bude im Grüneburgweg. Das liegt zum einen natürlich an den leckeren Currywürsten. Die Schärfeskala (»Himmel und Hölle«) des Lars-O-Meters geht von A bis F. A wie »Angefeuertes Curry« bis F wie »Fucking Burning Injection«. Ab Schärfegrad C isst man auf eigenes Risiko und muss mindestens 18 sein. Lars erzählt, er habe als Erster die scharfe

Frankfurt

Wurst in Deutschland bekannt gemacht. Seit 1970 ist der Snack Point schon im Familienbesitz. »Oma Irma und Opa Karl Leber haben den Laden geschmissen, dann hat mein Onkel Karl-Heinz den Imbiss übernommen und ich bin 1993 eingestiegen«, erzählt Lars. Dabei redet er so schnell und mit so viel Herzblut über seine Buden, dass man ihm sein Lebensmotto »lecker Wurst und gute Laune« sofort abnimmt. Mittlerweile besitzt er acht Buden mit über 60 Mitarbeitern im Rhein-Main-Gebiet. »Die fragen aus der ganzen Welt an, sogar aus Shanghai, ob ich dorthin expandieren will«, sagt der Imbissbudenbesitzer. »Ich will aber kein McDonald´s sein, sondern nur Best Worscht machen.« Deswegen steht Lars auch immer noch selber hinter dem Tresen. »Ich kenne die Bestellungen von über 500 Leuten, kann mir aber keinen Namen merken. Welche Currywurst in welcher Schärfe jeder Einzelne will, das weiß ich von jedem meiner Stammkunden«, lacht Lars. Seine Philosophie ist es, jeden Morgen mit Spaß zur Arbeit zu gehen. Neben der Currywurst (wahlweise Schweins- oder Rindswurst »Best Worscht Style« für 2,90 Euro) bietet Best Worscht in Town jeden Monat eine neue Sauce an. Zu Weihnachten kann das auch mal eine Currysauce mit Zimt und Koriander sein. Lars nennt sein Konzept »Essen ohne Risiko«. »Wem es bei mir nicht schmeckt, der bekommt einfach eine neue Wurst«, sagt er, »kein Problem«. Außerdem gibt's im Winter für alle kostenlos Glühwein. Regen? In der Schlange stehen? Macht nix. Kann sein, dass der Wurstverkäufer dann Schirme an alle verteilt. Das ist nicht nur cleveres Marketing von Frankfurts Wurstkönig Nr. 1, sondern Lars' freundliche und ehrliche Art, mit seinen Kunden umzugehen. »Die stehen bei mir an, also versuche ich, ihnen die Zeit so kurzweilig und nett wie möglich zu machen.« Das ist wirklich kein Problem für Lars, denn er hat als Animateur im legendären Club Punta Arabi auf Ibiza sein Handwerk als Entertainer gelernt.

Fazit: Best Worscht ist über die Grenzen Frankfurts hinaus eine Kultinstitution in Sachen Currywurst.

Grüneburgweg 37, 60322 Frankfurt
Tel. 069 – 72 11 29
www.bestworschtintown.de
Öffnungszeiten:
Mo bis Do 9 – 17:45 Uhr,
Fr 9 – 17, Sa 12 – 16 Uhr,
So: »Da schaffe mer nix.«

Culux

Das Culux (curry deluxe) ist eines der modernen Currywurstrestaurants, wie es sie mittlerweile in jeder deutschen
Großstadt gibt. Edles Ambiente, Tische und Barhocker aus
dunklem Holz, Parkett. Die Wurst wird auf Porzellan serviert. Kein Kult, dafür stylisches Ambiente. Die Wurstsaus-
wahl ist groß: Neben der klassischen Berliner Bratwurst
stehen Frankfurter Rindswurst, Käsekrainer, Chiliwurst,
Lammwurst, vegetarische Tofuwurst oder Odenwälder Kar-

toffelwurst auf der Karte. Wer Vegetarier ist oder sogar vegan lebt, der bekommt seine Tofuwurst separat gegrillt. Aus über 15 Saucen kann man auswählen, um sein Lieblingscurry zu bekommen: Currysauce, Pflaume-Zimt-Sauce, Thai Creme, WasabiMayo, SweetCurryChili oder Caribic-Sauce. Die Saucen Curry normal, fruchtig und Pflaume-Zimt sind sogar für Veganer okay und enthalten garantiert keine tierischen Inhaltsstoffe!

Die Schärfegrade variieren von normal bis superscharf. Die Currywurst kostet im Culux 3 Euro. Man kann aus verschiedenen Menüs wählen: Das Canzlermenü (als Hommage an den ehemaligen Bundeskanzler Schröder, der angeblich mit Vorliebe seine Currywurst mit Salat aß): Wurst und Sauce nach Wahl, frischer Salat, frische Zwiebeln und Pommes für 6,20 Euro. Verliebte bestellen das Cuschelmenü für 14,20 Euro: zwei Mal Wurst und Sauce nach Wahl, zwei Mal Pommes und zwei Gläser Prosecco.

Klar, dass in so einem Laden der Veuve Cliquot auf der Karte nicht fehlen darf. Das 0,7-Liter-Fläschchen gibt's im Culux für 51 Euro. Im Sommer bietet das Wurstrestaurant rund 50 Sitzplätze draußen. Eine weitere Culux-Dependance befindet sich in Köln am Rudolfplatz.

Fazit: Für alle, die Currywurst, statt im Vorbeigehen, im noblen Ambiente mögen.

Oeder Weg 34, 60318 Frankfurt
Telefon 069 – 95 92 94 95
www.culux.de
Öffnungszeiten:
Mo 11:30 – 22 Uhr
Di bis Do 11:30 – 23 Uhr,
Fr 11:30 – 0 Uhr,
Sa 12 – 0 Uhr,
So 15 – 22 Uhr

Frankfurt

mensadrei

DIREKT AN DER UNI.
GEMÜSECURRYWURST.
FÜR STUDENTEN.

Direkt hinter der Uni gelegen, bietet der Imbiss mensadrei nicht nur Studenten jede Menge Auswahl: Nackte Wurst (auch als Rindswurst), Käsewurst, Bockwurst eine Merguez (mit Chili) oder vegetarische Gemüsewurst (ohne Fleisch und ohne Tofu). So eine vegetarische Variante ist in einer Stadt wie Freiburg ja fast schon Pflicht!

Die Currywurst gibt es in unterschiedlichen Schärfegraden, und das Fleisch liefert der örtliche Metzer. »Wir kaufen keine Billigwaren, das Fleisch stammt von Tieren aus der Region, und das kann man mit gutem Gewissen essen«, sagt der Inhaber Holger Sielaff. »Alle Saucen im mensadrei sind zudem hausgemacht«, betont Sielaff. Der Renner für besonders Hungrige: das »Wurstinferno«: bestehend aus fünf Würsten und einer Portion Megapommes für 17 Euro, und wem das noch nicht reicht, der bestellt die »Wurstapokalypse« mit acht Würsten, noch mehr Pommes und acht Wodka für 40 Euro. Ein Highlight für alle, die Fondue-Essen mit gemeinsamen »Wir-essen-alle-aus-einem-Topf-Feeling« lieben. Diese Hammerportionen werden in einer großen Schale am Tisch serviert. Manchmal bestellen Verrückte das Menü allerdings auch für sich alleine. Der Rekordhalter brauchte für das Wurstinferno gerade mal 27 Minuten. Zu den Pommes gibt es im mensadrei verschiedene Saucen und Toppings wie beispielsweise: Honig-Senf, Kräuter, Aioli, frische Zwiebeln oder Gurke.

Niemensstraße 7, 79098 Freiburg
Tel. 0761 – 2 10 92 00
www.mensadrei.de
Öffnungszeiten
Mo bis Do 11 – 23 Uhr,
Fr und Sa 11 – 2 Uhr,
So geschlossen (nur im Winter)

Curry-Pirates

SPITZENGASTRONOMIE.
SELBST GEMACHTE WÜRSTE.
FÜR INDIVIDUALISTEN.

Ein bisschen außerhalb der schicken Hamburger Innenstadt, im eher gemütlichen Viertel Barmbek, versteckt sich der Gourmetimbiss Curry-Pirates von Michael Weißenbruch. Ein paar Stufen runter, ein offener Gastraum, Tische, an den Wänden Plattencover von The Who und The Clash. 30 Jahre hat der gelernte Koch in der Spitzengastronomie gearbeitet. »Irgendwann hatte ich dann keinen Bock mehr zum Katzbuckeln«, erzählt Weißenbruch. Die Idee mit dem Imbiss kam ihm auf einer seiner nächtlichen Exkursionen in Hamburger Imbissen. »Das kann ich auch, nur besser.« Sprach's und eröffnete mit seiner Partnerin Monika Hamann 2008 den Imbiss Curry-Pirates. Seitdem servieren sie den Klassiker mit Klasse – die Currywurst im Porzellan-Frittenschälchen. Weißenbruch kreiert nicht nur die Currysauce – selbst ge-

Hamburg

machter Ketchup mit getrockneten Aprikosenstückchen –, er stellt auch alle Würste in der kleinen Küche selber her. Dort steht ein silbernes Monstrum, genannt Kutter. In der Wurstmaschine verarbeitet Weißenbruch die Zutaten für seine Würste. Die Wurst im Curry-Pirates sei sogar extrem frauenfreundlich, versichert Monika Hamann, denn sie habe anders als andere Würste nur einen Fettanteil von 20 Prozent. Normal seien 30 Prozent Fettanteil oder sogar mehr. »Also Mädels, traut euch an die Wurst!«

Der Imbissbesitzer steht jeden Morgen um 6 Uhr auf, dann beginnt die Wurstherstellung. Im Regal stehen mindestens 50 gelbe Boxen mit allen erdenklichen Gewürzen. Das Ergebnis kann sich sehen lassen. Die selbst hergestellte Currywurst liegt gegrillt und geschnitten unter einem Nest aus feinen Chilifäden. Die Wurst ist ganz zart, außen kross gebraten, die Sauce schmeckt lecker scharf und sehr fruchtig-würzig.

Das Angenehme bei den Curry-Pirates: In der offenen Grillküche kann jeder den beiden Inhabern beim Brutzeln oder Pommes-klein-Machen zuschauen. Das Publikum ist bunt gemischt. Wenn doch mal einer arrogant sein will und die Wurst am Platz serviert haben möchte, kriegt er von Weißenbruch auch gerne mal einen deftigen Spruch zu hören: »Der Oberkellner hat heute frei!«

Das Motto von Curry-Pirates heißt: »Jede Woche eine neue Wurst.« Neben dem Klassiker gibt es wechselnde Angebote mit so klangvollen Namen wie: The German Ox – Ochsenbratwurst mit Apfelwürfeln gefüllt, dazu eine Wasabisauce; oder End of the Roe, die Rehbratwürstchen mit Preiselbeer-Senf und gebackenen Maronen. Roadrunner ist beispielsweise eine Straußenbratwurst mit scharfer Erdnusssauce

und hinter Funky Chicken verbirgt sich eine Poulardenbrat-
wurst in gelber Thai-Currysauce auf Spargelsalat. Daneben
gibt es alle erdenklichen selbst kreierten Wurstvarianten,
sogar eine Bratwurst aus Krokodilfleisch stand schon auf
der Karte!

»Die Wurst gibt's dann nur, solange der Vorrat reicht, wenn's
alle ist, ist's alle!« Dann findet man diese Wurstvariante nie
wieder auf der Karte. Ziemlich verrückt, aber das Konzept
funktioniert. »Manchmal kommen die Leute rein und fragen, ›Ey Alter, wann kommt die neue Wurst raus?‹« Außerdem servieren die Curry-Pirates die wohl teuerste Wurst
Deutschlands: eine Eigenkreation aus Kalbsfilet, Trüffel und
Gänseleber für 20 Euro!

Klar, dass Weißenbruch keine »Matsche aus dem Eimer« in
die Küche kommt. Fertigprodukte und Geschmacksverstärker lehnt der Koch ab. Sogar die Majonäse ist im Curry-Pirates selber gemacht, über die dicken Fritten streut der Im-
bisschef grobkörniges Pyramiden-Salz.

Fazit: Currywurstfeinschmecker lieben die selbst herge-
stellten Wurstkreati- onen. Ein cooler Laden ohne aufge-
setztes Edelambiente!

Mozartstraße 23, 22083 Hamburg,
Tel. 040 – 28 78 06 61
www.curry-pirates.de
Öffnungszeiten:
Mo bis Fr 12 – 15 Uhr, 17 – 21 Uhr
Sa 12 – 18 Uhr,
So und feiertags geschlossen

Hamburg

Curry Queen

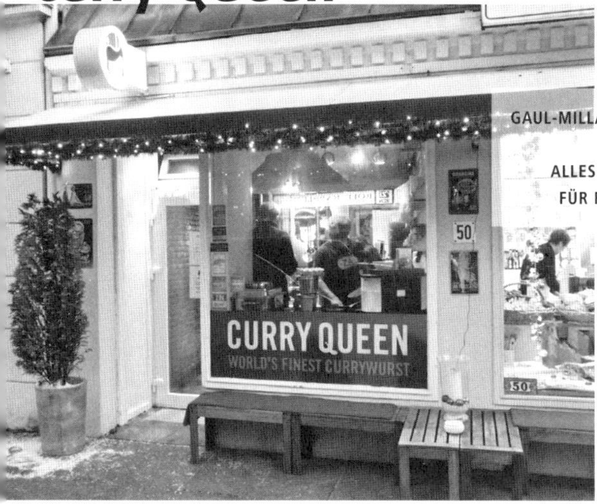

GAUL-MILLAUT-GEKRÖNTER
EDELIMBISS.
ALLES HAUSGEMACHT.
FÜR FEINSCHMECKER

Die Curry Queen ist wohl der angesagte Currywurstbuden-Überflieger in Hamburg! Die »Bude« im Stadtteil Eppendorf wurde als erster Imbiss im Gault Millaut aufgenommen. Der legendäre Gastroführer schreibt: »Gute Ideen können so einfach sein. Beispielsweise die, einen unverwüstlichen Imbissbudenklassiker so aufzuwerten, dass er höheren Ansprüchen genügt.«

Seitdem ist es fast unmöglich, bei Inhaber und Hobbykoch Sascha Basler einen Tisch zu bekommen. Wer hier abends eine Wurst essen will, muss also unbedingt vorbestellen, und einen Parkplatz vor der Tür zu finden ist absoluter Zufall.

Kein Wunder, denn die Curry Queen ist wirklich ein Edelimbiss. Basler, der jahrelang bei einem Musiklabel gearbeitet hat, brutzelt auf höchstem Niveau: Die Kalbswürste werden eigens für ihn in Süddeutschland hergestellt und ohne Fett

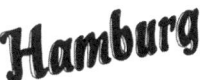

auf dem Lavagrill gegart. Im schlicht eingerichteten Restaurant stehen massive Holztische, hübsche Leuchter an den Wänden verbreiten dezentes Licht. An der Wand prangt ein fettes Hirschgeweih. Cool, schlicht und trotzdem gemütlich. Basler betreibt sein Restaurant fast philosophisch und spricht andächtig von Aromawelten, die sich bei der Currywurst erschließen. Kein Wunder, denn alle Currypulver stammen vom Sternekoch und Gewürzguru Ingo Holland. Die Wurst wird in der Curry Queen mit einem selbst gemachten Ketchup gereicht und dient als Geschmacksträger für verschiedene Currygewürzmischungen. Deswegen darf die Sauce bei Basler nicht zu süß oder sauer daherkommen und ist nur wenig gewürzt.

Zur Saucenbasis kann der Gast sein Lieblingscurrypulver wählen. Beim Degustationsmenü für 5,90 Euro serviert Basler die Wurst geschnitten in sechs kleinen Schälchen, angerichtet auf einer großen Porzellanschale. Ein Kärtchen liegt bei, und so lernt man beim Essen und Genießen, dass beispielsweise Wurststückchen Nummer 4 mit Curry Anapurna überstreut ist. Dieses Pulver besitzt »eine mittlere Röstung, kräftigen Knoblauchanteil und viel Kurkuma. Harmonische Schärfe. Der Klassiker in der Curry Queen. Knoblauch senkt die Blutfette und fördert die Durchblutung, Kurkuma wirkt entzündungshemmend.« Wer hier speist, soll mit allen Sinnen erleben, riechen, schmecken und – wie beim Currypulver »Quick Killer« – auch mal schwitzen.

Natürlich steht auch bei Sascha Basler nicht nur die einfache Currywurst auf der Karte. So bietet er Wurst vom Sylter Salzwiesenlamm, vom Waygu-Rind oder vom Schwarzfußschwein an, mit Blattsalat und Ziegenkäse; eine Bisonbüffelcurrywurst für 6,90 Euro oder eine orientalische Lammwurst für 4 Euro. Dazu empfiehlt Basler die passenden Weine. Der Preis ist moderat, die normale Currywurst kostet 3 Euro, das teuerste Gericht ist die Wague Kobestylewurst für 9,90 Euro. Das ist angemessen für die Qualität und das Herzblut, mit dem Basler seinen Laden stemmt. Trotzdem ist es ihm wichtig, keinen Yuppi-Edelschuppen zu betreiben, Blattgoldwurst steht nicht auf der Karte. »Leichtmetall hat nichts auf Würsten verloren, so ein Schwachsinn«, sagt er. Auch dürfe die Wurst bei ihm nicht gehäxelt werden, seine Currywurst wird mit einer Handschneidemaschine zerlegt. Statt Pommes gibt es übrigens frisches Ciabatta.

Fazit: Angesagter Gourmet-Wursttempel in Hamburg für Trendsetter und Wurstliebhaber.

Erikastraße 50, 20251 Hamburg-Eppendorf,
Tel. 040 – 52 67 77 62
www.curryqueen.eu
Öffnungszeiten:
Mo bis Fr 11:30 Uhr – 22 Uhr,
Sa 11:30 Uhr – 20 Uhr,
So und feiertags geschlossen

Hamburg

Imbiss bei Schorsch

KULTIMBISS IN ST. PAULI.
LECKERE SAUCE.
ST.PAULI-ORIGINALE, PROMIS.

Das »schmale Handtuch« wird dieser winzige Imbiss im Stadtteil St. Pauli liebevoll genannt. Kein Wunder, denn der Schorsch ist gerade mal sieben Quadratmeter groß. Ungefähr vier, maximal fünf Leute können hier gleichzeitig an der kleinen Resopaltheke essen. Wenn die einen rein wollen, müssen die anderen erst mal wieder raus. Und das macht diesen Winzling unter den Imbissen ziemlich gemütlich. Jeder schnackt mit jedem und die Bilder an der Wand zeugen von hoher Promidichte: Jürgen Vogel, Otto Waalkes und sogar Olli Dittrich alias Dittsche haben beim Schorsch schon eine Currywurst gegessen. Ein echter Traditionsimbiss eben, den es schon seit 1961 am Neuen Pferdemarkt gibt. Für viele Hamburger ist der Schorsch die absolute Kultbude in der Hansestadt. So klein der Laden auch ist, die Currywurst ist eine ganz Große. Sie wird unzerschnitten auf viereckigen Plastiktellern serviert (erinnert etwas an Kantine) und die Sauce ist wirklich spezial! Das Rezept sei seit den 60ern unverändert, versichert die Bedienung hinter der Theke. Die Currysauce bei Schorsch schmeckt angenehm leicht, tomatig-fruchtig und ist nur ein bisschen angeschärft.

Zwar werden die Currywürste beim Schorsch im Fett gebraten, die Wurst liegt trotzdem nicht wie ein Klotz im Magen. »Da kann man auch mal zwei von essen«, sagt ein Gast und bestellt sich gleich noch eine Wurst. Mit 2,30 Euro ist die Portion für Hamburger Verhältnisse außerdem richtig günstig. Beim Schorsch wird traditionell selbst gemachter Kartoffelsalat (1,90 Euro) zur Currywurst gereicht, statt Pommes gibt es ein Stückchen frisches Weißbrot.

Fazit: Klein, gemütlich, kultig.

Beim Grünen Jäger 14, 20359 Hamburg
Tel. 040 – 43 09 19 25
www.imbiss-bei-schorsch.de
Öffnungszeiten:
Mo bis Fr 10:30 – 1:30 Uhr,
Sa 12:30 – 1 Uhr

Imbiss am alten Elbtunnel

Der Imbiss am alten Elbtunnel ist der Imbiss für Frühaufsteher und für Besucher, die auf den Fischmarkt wollen. Wenn hier die Reisebusse halten und die Touris zum alten Elbtunnel strömen, dann boomt das Geschäft. Die Wurstbude am Wasser hat während der Sommerzeit schon um 6 Uhr morgens geöffnet und verkauft alles, was der klassische Schnellimbiss zu bieten hat: Currywurst, Pommes und in Hamburg, ganz klar, auch Fischbrötchen. So richtig aufregend ist das nicht.

Extrawürste gibts hier nicht. Die Currywurst ist eine Currywurst. Schlicht, eine Schweinswurst mit Pelle im Pappschälchen für 2,60 Euro. Dazu gibt es eine recht scharfe Fertig-sauce.

Fazit: Wer hier isst, der will schnell satt werden. Großer Pluspunkt: das tolle Ambiente. Der Imbiss liegt wunder-schön am Wasser, im Hintergrund Schiffe und die Kräne des Hafens.

Bei den St.-Pauli-Landungsbrücken 6, 20359 Hamburg
Tel. 040 – 319 69 88
Öffnungszeiten:
täglich von 8 – 19 Uhr,
sonntags im Sommer ab 6 Uhr

Edelcurry

EDLES CURRYWURSTRESTAURANT.
RINDSWURST.
SCHICK UND SCHÖN.

Mitten in Hamburg liegt das schicke Wurstrestaurant Edelcurry. Mittags ist der Laden gerammelt voll, jeder Platz ist besetzt. Wer hier eine Currywurst genießen will, muss also unter Umständen erst mal ein Weilchen im Getümmel vor der Theke warten.

Der Name ist Programm, der Innenraum edel, dunkle Holztische und Parkettboden, hellgrüne Wandfarbe, über dem Grill eine große Tafel mit den Angeboten. Man kann im Edelcurry zwischen drei Currysaucen wählen: klassisch, fruchtig oder pikant. Das Besondere: die Wurst (»Hamburger Art«) wird nicht aus Schwein hergestellt, sondern besteht aus Rindfleisch. »Die Rinder und Kälber erhalten kein Futter der Futtermittelindustrie, sondern ein täglich frisch zusammengestelltes Futtergemisch der eigenen Ernte unserer Bauern, die ihre Tiere auf offenen Weiden halten«, sagt der Inhaber Jörg Klatte. Edel ist nicht ganz billig, die Currywurst kostet stolze 3,60 Euro. Dazu kommen viele verschiedene Pommessaucen, die alle selbst gemacht sind. Sehr zu empfehlen: die warme Saté-Erdnuss-Sauce oder die Honey-Mustard-Sauce. Wer mag, bestellt den »Saucenteller« für 2,70 Euro mit vier Dips seiner Wahl im Schälchen.

Fazit: Teurer als ein gewöhnlicher Imbiss, aber dafür zentral gelegen, lecker und edel.

Große Bleichen 68, 20354 Hamburg
Tel. 040 – 35 71 62 62
www.edelcurry.de
Öffnungszeiten:
Mo bis Sa 11 – 22 Uhr,
So 12 – 20 Uhr

Eppendorfer Grillstation

DITTSCHE-BUDE.
SOLIDES ANGEBOT.
FÜR FANS.

Ein Imbiss wie jeder andere in jeder größeren Stadt. Hier gibt es Currywurst, Pommes und halbe Hähnchen. Der Innenraum ist mit Wimpeln dekoriert, an den nicht mehr ganz frischen Wänden hängen ein paar Fotos, und hinter der Theke steht der Inhaber und schnackt mit den Leuten. Eigentlich nicht der Rede wert, wenn nicht genau in dieser Currywurstbude im Hamburger Stadtteil Eimsbüttel die WDR-Comedy-Kultserie »Dittsche« gedreht würde. Der Hamburger Arbeitslose Dittsche, gespielt von Olli Dittrich, betritt in jeder Folge mit einem blau-weißen Bademantel, Oberhemd, roter Jogginghose und Badelatschen die Eppendorfer Grillstation. Er bestellt ein Bier und gibt sein Wissen über das aktuelle Wochengeschehen zum Besten. Seine Weisheiten hat er hauptsächlich aus der Bild-Zeitung. Dabei gehört sein obligatorisches Bier genauso dazu, wie der Satz: »Das perlt aber heute wieder.«

Immer wieder spielen Promis bei Dittsche mit, und so haben sich schon Anke Engelke, Thomas Gottschalk, Harald Schmidt und Günther Jauch in der Eppendorfer Grillstation eingefunden und meist sich selbst gespielt. Für Fans ist Dittsche Kult, und deswegen ist auch die Eppendorfer Grillstation zu einer kleinen Kultstätte geworden. Während der Dreharbeiten stehen oft zahlreiche Fans vor dem Imbiss und schauen zu.

Gedreht wird in der Regel sonntags. »Wir kriegen davon eigentlich gar nichts mit, denn dann ist der Imbiss geschlossen«, meint Inhaber Oliver Kammerer. Der Imbissbesitzer scheint also wenig beeindruckt von dem Hype um seine Bude zu sein. »Klar kommen viele Gäste wegen Dittsche«, meint Kammerer. Eigentlich würde er es viel lieber sehen, die Leute kämen nicht wegen der TV-Serie, sondern um bei ihm eine leckere Currywurst zu essen..

Eppendorfer Weg 172, 20253 Hamburg
Tel. 040 – 42 32 68 09
www.eppendorfer-grillstation.de
Öffnungszeiten:
Mo bis Fr 11 – 21 Uhr,
Sa 12 – 20 Uhr,
So geschlossen

Curry-Grindel

STRASSENVERKAUF.
VIELE WURSTVARIANTEN.
FÜR FAMILIEN.

Beim Curry-Grindel wird meistens draußen gegessen. Auch im Winter: Da wärmt ein Heizpilz die hungrigen Gäste an den drei Tischen vor dem Imbiss. Wer vor der Theke steht, hat auch hier erst einmal die Qual der Wahl. Currywurst fein oder grob (täglich frisch vom Schlachter). Wer mag, bekommt auch eine Kalbswurst (Krakauer) als Currywurst serviert. Die Sauce gibt es als milde, mittelscharfe oder scharfe Variante, sie ist hausgemacht und wird in großen Plastikflaschen im Wasserbad warm gehalten. Die Variante mittelscharf brennt zwar ein wenig, ist aber absolut essbar und hat einen intensiven süß-sauren Geschmack. Auch im Curry-Grindel wird die Wurst auf Porzellantellern serviert. Bezahlt wird aber grundsätzlich nach dem Essen (Currywurst für

2,80 Euro). Budenbesitzer Hans-Georg Schade wirbelt hinter dem Tresen hin und her. Freimütig erzählt er, dass er bei den Machern von Curry 36 (☞ Seite 28) in Berlin-Kreuzberg in die Lehre gegangen sei, denn die machen seiner Meinung nach eine richtig gute Wurst. Dann habe es ungefähr sechs Monate gedauert, bis seine eigene Currysauce perfekt gewesen sei.

Innen darf der Gast auf einem Flip-Chart seine Meinung über die Currywurst beim Grindel kundtun: »Sehr lecker. Doppelt 1 A mit * Danke! Nette Mitarbeiter!« heißt es da. Und auch an die lieben Kleinen hat der Inhaber gedacht: Kinder essen ab 14 Uhr in Begleitung ihrer Eltern beim Curry-Grindel kostenlos. Sehr familienfreundlich!

Renzelstraße 2, 20146 Hamburg
Tel. 040 – 41 33 85 81
Öffnungszeiten:
Mo bis Fr 11:30 – 21 Uhr,
Sa 11:30 – 20 Uhr,
So und feiertags geschlossen

Hamburg

Schmitt Foxy Food

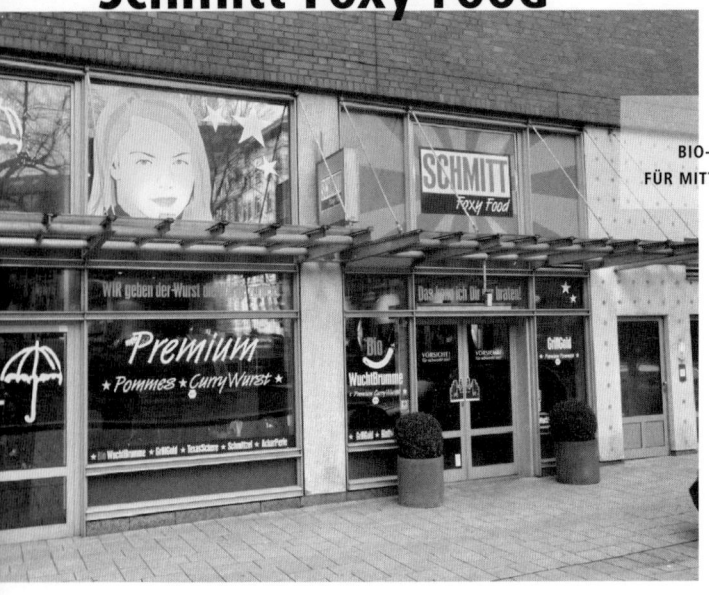

KETTE.
BIO-QUALITÄT.
FÜR MITTAGESSER.

Die Kette Schmitt Foxy Food hat bereits vier Filialen in Hamburg, weitere sollen folgen. Unter dem Motto »Wir geben der Wurst die Würde zurück« bietet sie ein solides Wurstangebot. Die Currywürste haben hier so klangvolle Namen wie Griller (2,50 Euro), TexasSchere (Doppelte Currywurst für 5,60 Euro) oder Bio-Wucht-Brumme, eine Bio-Currywurst für 3,20 Euro. Daneben gibt es Sommer- und Winteraktionen. Den etwas höheren Preis erklärt Inhaber Tim Oehler mit seiner Qualität der Produkte: »Warum kostet im Supermarkt ein Kilo Schweinefleisch weniger als ein Kilo Äpfel?« Bei ihm gebe es eben nur hochwertiges Fleisch, das habe seinen Preis. Außerdem würde man in allen Filialen auf Geschmacksverstärker und Glutamat verzichten. Das Schmitt

Foxy Food arbeitet nach dem Prinzip: Hier weiß man, was man hat. Eine leckere, solide Wurst, etwas teurer, aber auch besser als die herkömmliche 08/15-Currywurst an einer Bahnhofsbude. Der Laden ist schick und sehr sauber, an den Wänden gibt es immer mal wieder wechselnde Ausstellungen. Während der Laden in der Innenstadt (Gertrudenstraße) eher die hungrigen Mittagesser anlockt, entwickelt sich die Filiale in der Bahrendfelder Straße im Stadtteil Ottensen zum Szene-Imbiss. Hungrige Nachtschwärmer essen hier auch um Mitternacht noch ihre Wurst.

Gertrudenstraße , 20095 Hamburg
Tel. 040 – 76 75 77 44
www.schmitt-foxyfood.de
Öffnungszeiten:
So bis Mi 11 – 0 Uhr,
Do bis Sa 11 - 1 Uhr
So geschlossen

Plümecke

Das Plümecke ist eine der absoluten Kultkneipen in Hannover und eigentlich immer voll. Ende der 60er Jahre wurden hier hitzige politische Diskussionen geführt, der »Lister Brunnen«, wie das Plümecke damals hieß, war Treffpunkt für Jungsozialisten und die linke Studentenszene. Im Jahr 1989 übernahmen Brigitte und Klaus Röhl die Kneipe, die nach dem damaligen Vorbesitzer benannt ist. Die ganze Familie arbeitet seit Jahren in der Kneipe mit: Frau Brigitte und Sohn Sascha ackern hinterm Tresen und im Service. Der Wirt beschreibt seinen Laden selbst als »volkstümlich und alt«. Die Einrichtung stammt aus den 60er Jahren und ist seitdem kaum verändert worden – innen sieht es aus wie in einer Berliner Bahnhofskneipe. Genau das macht den Charme vom Plümecke aus.

Früher wurde hier noch ordentlich gequalmt, Stammtischbrüder und Skatrunden zog es ins Plümecke. Das Publikum hat sich seit dem Rauchverbot etwas geändert, jetzt kommen auch Familien mit kleinen Kindern hier her. Hier wird grundsätzlich jeder geduzt und darf man sich nicht einfach

irgendwo hinsetzen: Die resolute Chefin weist den warten-
den Kneipenbesuchern die Plätze zu. Ziemlich unüblich in
einer Stadt wie Hannover, deren Bewohnern ja nicht gerade
rheinischer Frohsinn und kommunikatives Dauergeplapper
nachgesagt wird. Im Plümecke ist das allerdings kein Problem. Logisch, denn zu Stoßzeiten sitzt man sehr beengt,
was nach einigen Bier die Kommunikation nur noch mehr
fördert. Hier kommt wirklich jeder mit jedem ins Gespräch,
dementsprechend hoch ist der Geräuschpegel! Deswegen
gibt es wahrscheinlich auch keine Musik, die würde hier eh
keiner hören. Wer mehr Bier will, schlägt einfach die Gläser
aneinander und bekommt sofort ein neues. Wie viel man getrunken hat, wird klassisch auf Bierdeckeln notiert, die
Zeche wird hinterher am Tresen bezahlt.
Und natürlich gibt es im Plümecke auch Currywurst! Die
wird im Ganzen auf Omis Porzellantellern gereicht und ordentlich mit Curry bestäubt. Wer will, bekommt sie extra
scharf oder mit Tabasco – klar geht's im Plümecke nicht
hauptsächlich um die Wurst und die Kneipe ist auch kein
Edelgourmetschuppen. Dennoch sind sich die meisten Han-
noveraner einig: Die beste Currywurst der Stadt gibt es in
dieser Kultkneipe. Angeblich wusste auch Altkanzler Gerhard Schröder die Currywurst im Plümecke zu schätzen. Als
Journalisten ihn darauf ansprachen, er sei ja jetzt in Berlin,
der Hauptstadt der Currywürste, angekommen, soll er ge-
antwortet haben: Wenn die Journalisten eine vernünftige
Currywurst essen wollten, dann sollten sie mal nach Hannover ins Plümecke gehen.

Voßstraße 39, 30161 Hannover-List
Tel. 0511 – 66 09 69
Öffnungszeiten:
Mo bis Fr ab 17 Uhr,
Sa und So geschlossen

Die Currywurst

»Wir haben die schärfste Curry-wurst der Welt!«, grinst Gerhard Herzog, der Inhaber der Imbiss-bude Die Currywurst in Wanne-Eickel, einem Stadtteil von Herne. In der Hand hält Herzog ein kleines Fläschchen mit der »Höllensubstanz« – reine Capsaicin-Kristalle mit einem Schärfegrad von 16 Millionen Scoville. Mehr geht nicht. Allerdings ist die Chemikalie so scharf, dass sie eigentlich nicht zum Verzehr geeignet ist. Und deswegen schärft der Imbissbudenbesitzer seine Currysauce auch nicht mit Chemie, sondern mit extrascharfen Habanero-Chilis, die er beim Großhändler seines Vertrauens kauft.

Wer zur Imbissbude Die Currywurst kommt, will es also vor allem scharf haben. »Dass sind oft Männergrüppchen, da will es der eine dem anderen beweisen«, sagt Herzog. Die Frauen seien da viel vernünftiger. Obwohl auch viele Frauen gerne scharf essen, »aber die übertreiben es meist nicht so«. Herzog bietet in seinem Imbiss Saucen in mehr als zehn Schärfegraden an. »Aber nicht jeder kriegt die super scharfe Sauce«, betont der Imbissbudenbesitzer. Wer einen Schärfe-grad jenseits der Sieben essen will, der muss vorher einen stecknadelspitzen kleinen Tropfen probieren. »Die meisten schrecken dann schon von alleine zurück. Ich will meinen Gästen ja nicht schaden«, sagt Herzog, »deswegen sind die ultrascharfen Saucen auch nicht zum Mitnehmen.« Die Horrorsauce kann Kreislaufprobleme verursachen, Schwitzen, Ohrensausen ... Aber genau darin liegt wohl der Reiz, und deswegen treten jedes Jahr einige Verrückte zu den German Scoville-Meisterschaften an. Herzog organisiert diesen Schärfewettbewerb und kürt denjenigen, der die schärfste Currywurst verdrücken kann.

Fraglich, ob das noch etwas mit Essen zu tun hat. »Nein«, lacht Herzog, »die Teilnehmer sind alle etwas durchgeknallt. Entweder sind das die Siegesgewissen, die denken, sie können jeden Wettbewerb gewinnen, oder Leute, die immer schon scharf gegessen haben.« Sanitäter sind bei diesen Wettbewerben immer dabei und überwachen die Kandidaten per Blutduckmessgerät. Ein ungeübter Mensch würde beim »Genuss« dieser Höllensauce Gefahr laufen, das Bewusstsein zu verlieren. »Ich selber würde da nie mitmachen«, sagt Herzog. »Allerdings will die größte Zahl der Kunden gar keine Höllensauce, sondern nur eine leckere Currywurst bei mir essen.« Auch er schwört auf die »Echte« aus Bochum. Natürlich bietet Herzog auch Currysaucen für Normalsterbliche an. Die Haussauce wird liebevoll Mädchensauce genannt und ist für jedermann genießbar. Neben scharfen Saucen gibt's in Der Currywurst noch so einiges an extravaganten »Desserts«. So bietet die Karte beispielsweise Pommes mit Nutella oder wahlweise mit Zimtzucker.

Fazit: Die Imbissbude ist so etwas wie das Mekka der Schärfefans im Ruhrpott und Gerhard Herzog der Schärfepapst im Revier.

Heidstraße 28, 44649 Herne
Tel. 02325 – 7 77 76
www.diecurrywurst.com
Öffnungszeiten:
Mo bis Fr 12 – 21:30 Uhr

Herne

Ballermann 1

In Karlsruhe denkt man beim Namen »Ballermann« nicht gleich an Mallorca, sondern vor allem an Currywurst. Den Imbissbudenklassiker gibt es nämlich schon seit 1969 in der Stadt. »Den Namen Ballermann hat sich Schwiegerpapa Karl-Heinz Ende der 60er Jahren ausgedacht«, erzählt Inhaberin Manuela Schmiedmeier, »lange bevor es den Ballermann auf Mallorca gab!« Auf der Suche nach einem passenden Namen habe sich Schmiedmeier von eine Flasche Ballantines-Whisky inspirieren lassen, außerdem war er beeindruckt vom Westernhelden »Fuzzy«, der mit seinen Pistolen rumballerte. Schmiedmeier entwickelte daraufhin einen überlebensgroßen Pappcowboy, aus dessen Pistolen Würste schossen. Die Pappfigur sorgte auf der Straße vor dem Imbiss für Aufsehen. Der Ballermann war geboren und wurde zum Kultimbiss in Karlsruhe.

Seit 1974 befindet sich der Ballermann 1, wie der Imbiss nach langem Namensstreit mit dem spanischen Ballermann nun heißt, direkt an der Uni. Deswegen stillen vor allem Schüler, Studenten und Lehrer hier täglich ihren Hunger auf Fast Food. Der Ballermann 1 ist sowohl Restaurant, Imbiss mit Straßenverkauf und Sportbar. Bei Fußballübertragungen im Sommer ist die Terrasse schnell gerammelt voll. Die Preise sind moderat: Die einfache Currywurst kostet 2,20 Euro. Beliebt ist die Variante mit scharfer Currysauce oder Currysauce explosiv. Als besondere Eigenkreation bieten die Inhaber Manuela und Frank Schmiedmeier Currysauce Pfälzer Art, Mexiko Art (mit Bohnen und Mais) und eine Zwiebel-Bier-Sauce an. Wer es gerne fleischig und gut bürgerlich mag, findet im Restaurant noch jede Menge andere deftige Hausmannskost auf der Karte: Schweinerückensteaks, Sauerbraten oder saure Nierchen. Klar, dass es im Ballermann 1 auch Hamburger und Gyros gibt.

Fazit: Eine Karlsruher Imbissinstitution mit solider Currywurst und ohne Gourmethäppchen. Gute Alternative für alle, denen das Mensaessen zum Hals raushängt.

Englerstraße 14, 76131 Karlsruhe,
Tel. 0721 – 69 44 17
Öffnungszeiten:
Mo bis Do 7 – 1 Uhr,
Fr 7 – 3 Uhr,
Sa 15 – 3 Uhr,
So 15 – 24 Uhr

Karlsruhe

Imbiss am Willi

NR. 1 IN KIEL.
GUT UND GÜNSTIG.
ANGESTELLTE.

Von wegen im Norden gibt es nur Fischbrötchen und Matjes!
Der Imbiss am Willi ist die erste Adresse in Kiel, wenn es um
Currywurst geht. Hier gibt es sogar eine Berliner Currywurst
mit oder ohne Darm. Die kostet beim Imbiss am Willi bescheidene 1,60 Euro, wer großen Hunger hat, bestellt am besten gleich zwei Portionen, denn das 90-Gramm-Würstchen
macht nicht wirklich satt. Man kann aber auch eine »normale« Currywurst ordern, die wiegt fast das Doppelte und
kostet 2,30 Euro. Die Sauce ist leider nicht selbst gemacht,
wird aber mit verschiedenen Gewürzen verfeinert.
Vor zehn Jahren gab es hier noch eine öffentliche Toilette.
Dann hat die Stadt ihre WC-Anlagen verpachtet und nun
brutzeln in dem Gebäude Currywürste, Pommes & Co.

Das Publikum ist ziemlich bunt, Mitglieder der Landesregierung bestellen hier genauso ihre Currywurst wie eilige Angestellte in der Mittagspause. Parkplatzmöglichkeiten sind am Wilhelmplatz vorhanden und das Wasser ist auch nur rund einen Kilometer weit entfernt.

Wilhelmplatz, 24116 Kiel
Tel. 0431 – 9 06 68 95
Öffnungszeiten:
Mo bis So 11 – 21 Uhr

Currywurst forever

COOLER KLEINER STEHIMBISS.
5 SCHÄRFEGRADE.
FÜR SHOPPER UND NACHTSCHWÄRMER.

Der kleine Stehimbiss liegt strategisch günstig am Hohenzollernring. Hier tummeln sich nachts Feierwütige in Partylaune auf den Bürgersteigen, und in lauen Sommernächten staut es sich regelmäßig auf den Ringen. Draußen am Laden prangt das Logo von Currywurst forever: ein Herz im Tattoostil, das von einer Wurst durchstoßen wird. Auch innen sieht dieser kleine Fast-Food-Laden mit ein paar Stehtischen an der Wand trendy und durchgestylt aus: knallrote Flammenoptik an den Wänden, dunkelbraune Stehtische. Serviert wird schnellimbisstypisch im Pappschälchen und mit kleinen Plastikgabeln. Kein Blattgold, kein Schampus! Mittags stillen hier Shoppingwütige ihren Appetit und nachts stehen die Partygänger vor dem Imbiss Schlange!

Inhaberin Natalie Möller war laut eigener Aussage die Erste, die Currywurst in Köln mit unterschiedlichen Schärfegraden angeboten hat. Man kann die hausgemachte Sauce in fünf Varianten wählen:

Old School: Ohne Schärfe, nur mit Currygeschmack, eine »familientaugliche« Sauce für alle, die ihren Magen schonen möchten.

Good Vibration: Cayennepfeffer gibt dieser Variante eine spürbare, aber noch harmlose Schärfe. Diese Sauce brennt schon nach und reicht für all diejenigen, die etwas ungeübt im Scharf-Essen sind.

Twilight Zone: Eine Sauce für Fortgeschrittene, sie brennt nach und liegt irgendwo zwischen gut und böse.

Trouble Maker: Nur für Schärfefans ab 18 Jahre und Profis.

Highway to Hell: Für alle, die regelmäßig den Grenzbereich beim Scharf-Essen überschreiten.

Mit Good Vibration ist der Normalscharf-Esser im Currywurst forever gut bedient, die Sauce brennt angenehm nach, und trotzdem kommt der Geschmack der Wurst noch zur Geltung. Die Sauce hat einen intensiven Pfeffergeschmack. Zur Currywurst wird frisches Brot gereicht, das ganze kostet in allen Schärfegraden 2,60 Euro. Wichtig: Currywurst forever ist am besten zu Fuß zu erreichen. Die Parkplatzsuche an den Kölner Ringen sollte man sich lieber sparen!

Hohenzollernring 30, 50672 Köln
Tel. 02238 – 9 69 97 12
www.currywurstforever.de
Öffnungszeiten:
Mo bis Do 12 – 22 Uhr,
Fr und Sa 12 – 0 Uhr,
So 14 – 20 Uhr

Curry Cologne

CURRYWURSTRESTAURANT.
SUPER SAUCE.
FÜR ALLE, DIE ENTSPANNTE
ATMOSPHÄRE WOLLEN.

Curry Cologne ist Kölns erstes Currywurstrestaurant. Kein Schnellimbiss, sondern ein hübsches Restaurant mit Tischen und hohen Barhockern im angesagten Belgischen Viertel. Die Wände sind gelb gestrichen, in der Mitte ein altmodischer Kronleuchter, ein goldener Spiegel an der Wand. Curry Cologne ist weit entfernt vom durchdesignten Wursttempel ohne Atmosphäre. Wer an die Theke tritt und den Blick zur vermeintlichen Tafel an der Decke richtet, wird enttäuscht. Hier gibt es keine Speisekarte an der Wand! Den Grund dafür erklärt der Inhaber des Curry Cologne, Ralf Heinen, so: »Wir wollen eben kein Schnellimbiss to go sein, sondern ein richtiges Restaurant, in dem sich die Leute wohl fühlen und bleiben.« Deswegen liegen die Speisekarten auf den Tischen. (Wer seine Wurst allerdings schnell auf die Hand haben will, bekommt sie natürlich im Schälchen zum Mitnehmen!)

Es gibt die original Berliner Currywurst, die hier allerdings mit Darm serviert wird. Dazu kann man drei verschiedene Saucenvarianten wählen: normal, pikant oder fruchtig. Außerdem bietet das Restaurant Bio-Currywurst aus Geflügelfleisch an. Die Sauce ist wirklich sehr lecker: Die fruchtige Variante wird mit Mangostückchen verfeinert, die Variante »pikant« schmeckt sehr tomatig, fast wie eine selbst gekochte Nudelsauce bei Muttern. Pepp bekommt das Ganze durch feine Zwiebelstückchen und geschrotete Chilis, die über die Wurst gestreut werden. Die Currywurst wird natürlich auf Porzellan serviert und kommt im Ganzen auf den Teller. Wie üblich serviert auch das Curry Cologne zu den hausgemachten belgischen Pommes verschiedene Saucen. Tipp: die Frits Sauce fruchtig. Schmeckt köstlich zu Pommes! Preislich ist die Currywurst noch im Rahmen: 3 Euro.

Für Currywurst-Romantiker bietet des Restaurant das Candlelight Dinner für zwei Personen an: zweimal Currywurst, zweimal Pommes normal mit Sauce nach Wahl und dazu zwei Gläser Wein oder Sekt für 17,50 Euro.

Fazit: Netter Laden, sehr leckere Sauce und kölsche Freundlichkeit.

Antwerpener Str. 5, 50672 Köln,
Tel. 0221 – 5 89 45 56
www.currycologne.de
Öffnungszeiten:
Mo bis Do 11:30 – 23 Uhr,
Fr 11:30 – 24 Uhr,
Sa 12 – 4 Uhr,
So 13 –22 Uhr

Frits

Das Frits liegt in einer kleinen Seitenstraße der Ehrenstraße, der Trendmeile von Köln. Hier gibt es zwar auch die obligatorischen Retortenläden á la H&M und Zara, aber auch szenige Labels, Designerklamotten und ausgefallene Schuhe, teuren Krimskrams und Bücher. In diese Szene passt das Restaurant Frits natürlich gut rein. Ein Edelimbiss, der ganz auf den Trend von Currywurst und Schampus setzt. Modernes Interieur mit Parkettboden, gestylten Tischen und der obligatorischen Schampussammlung hinter der Theke. Die Currywurst gibt es traditionell oder verschärft, auf Wunsch auch als mittelscharfe Variante für 2,90 Euro. Außerdem bietet das Restaurant eine »Vogelwurst« an und natürlich die obligatorischen belgischen Pommes nebst Saucenauswahl von Curry, Tatar über Aioli, Sauce Samurai, Bernaise bis hin zur Honig-Dill-Senf-Sauce.

Der Salat heißt im Frits »Grünzeugs«. Das Gläschen Veuve Clicquot ist für 7,90 Euro zu haben, wer es richtig krachen lassen will, bestellt gleich die ganze Flasche Dom Pérignon (0,75 Liter) für 200 Euro. Nette Idee und cooler Stilbruch: Die Currywurst wird auf edlem Porzellan am Tisch serviert, dazu gibt es aber kein aalglattes Designerbesteck, sondern das gute alte Bundeswehr-Set, ein Klassiker! Wer nicht gedient hat, guckt vielleicht etwas verwundert, was denn da vor ihm liegt. Messer, Gabel, Löffel stecken nebst Dosen- und Fla- schenöffner ineinander und müssen erst mal auseinander- gefriemelt werden.

Ehrenstraße 43c, Kleine Brinkgasse, 50672 Köln
Tel. 0221 – 2 58 95 12
www.frits-fries.de
Öffnungszeiten:
Mo bis Do 12 – 22:30 Uhr,
Fr bis Sa. 12 – 0 Uhr,
So 14 – 22 Uhr

Park-Grill

GRIECHISCHER IMBISS.
CURRYWURST-PITA.
FÜR NACHTSCHWÄRMER UND
EXPERIMENTIERFREUDIGE.

Der Park-Grill ist eigentlich ein griechischer Imbiss und hat alles auf der Karte, was man von einem echten Griechen nicht erwartet: Pizza, Döner, Wiener Schnitzel und natürlich auch Currywurst. Das wäre nicht weiter erwähnenswert, wenn Imbissbesitzerin Anna Weiden nicht eines Tages auf eine ganz ausgefallene Idee gekommen wäre. Sie bietet im Park-Grill für 3 Euro eine Currywurst-Pita an. Das Pitabrot (Teigfladen) wird im Pizzaofen erwärmt, dann mit Pommes und klein geschnittener Currywurst belegt, mit Fertigsauce übergossen und auf Wunsch mit Krautsalat garniert. Dann wird die Pitatasche eingerollt, in Alufolie gewickelt und kann im Stehen mehr oder weniger kleckerfrei gegessen werden. Die Inhaberin versichert, dass nicht nur betrunkene Fast-Food-Junkies auf den Pita-Wurst-Mix schwören, sondern auch regelmäßig Geschäftsleute in der Mittagspause diese Kreation aus Teigfladen, Currywurst, Pommes und Salat bestellen. Der Park-Grill eignet sich für experimentierfreudige Fast-Food-Liebhaber, die sich auch nicht davor scheuen, Schnitzel im Toaster zuzubereiten oder sich gerne mal eine Pizza Spagetti in der Mikrowelle warmzumachen. Der Imbiss zieht vor allem am Wochenende partywütige Nachtschwärmer an. Kein Wunder, freitags und samstags hat der Laden gegenüber dem Stadtgarten bis vier Uhr morgens geöffnet!

Venloer Str. 37, 50672 Köln
Tel. 0221 – 5 10 33 80
Öffnungszeiten:
Mo bis Do 11:30 – 15 Uhr und 17 – 00:30 Uhr,
Fr 11:30 – 4 Uhr,
Sa 15:30 – 4 Uhr,
So 15:30 – 22 Uhr

Bratwerk

WURSTWAGEN VOM STERNEKOCH.
TOLLE QUALITÄT.
FÜR EILIGE MIT HOHEN ANSPRÜCHEN.

Das Bratwerk ist ein stilvoller und hübsch hergerichteter Imbisswagen auf einer kleinen Brachfläche neben den Bahn-
gleisen an der Dasselstraße/Ecke Zülpicher Straße, eine beliebte Kölner Party- und Feiermeile. Für Mario Kotaska, den
Fernsehkoch, der eigentlich Küchenchef im Kölner Edelre-
staurant La Société ist und den viele aus der Sendung
»Die Küchenchefs« auf Vox kennen, war der Imbisswagen
ein Jugendtraum. Im Jahr 2009 hat sich der mit einem
Michelin-Stern gekürte Fernsehkoch seinen Traum erfüllt.
»Der Standort des Wurstwagens ist allerdings nur eine Zwi-
schenlösung, früher oder später wird das Bratwerk an einen
anderen Ort weiterziehen«, verrät Inhaber Kotaska. Wer
genau wissen will, wo sich der Würstchenwagen gerade be-

findet, kann den genauen Standort auf der Homepage des Bratwerks finden.

Das Fast-Food-Angebot von Mario Kotaska beschränkt sich auf ein paar Imbissklassiker: die klassische Currywurst, Bratwurst, rote Wurst (»rischtisch lecker«) und – ganz exklusiv – eine Bisonwurst (»mit ner jeheimrezeptur«!). Die Currywurst wird ohne Fett auf einem Lavagrill zubereitet, schmeckt dadurch lecker geröstet und ist sehr zart. Die Wurst wird nicht im Häxler klein gemacht, sondern mit dem Messer geschnitten. Auch die Sauce nach einem Geheimrezept vom Sternekoch überzeugt: angenehme Schärfe und intensiver Currygeschmack. Dazu serviert man im Bratwerk entweder Pommes (»ne kleene oder ne große«) oder ein Brötchen (»janz knusprig«). Kotaska setzt auf frische Produkte, gute Qualität und eine spezielle Currymischung für seine Sauce. Obwohl es ja nur ein Wurstwagen ist, serviert man die Curry auf hübschen Porzellantellern mit einem Snack-Pieker aus Metall. »Von Schärfegraden null bis zehn halte ich allerdings überhaupt nichts«, sagt Mario Kotaska. »Das verdirbt nur den Geschmack und ist totaler Schwachsinn.« Die Currywurst kostet 3 Euro, die Bisonwurst 7 Euro.

Fazit: Im Bratwerk gibt es hohe Currywurstqualität, wie man sie von einem Sternekoch und prominenten TV-Brutzler erwarten kann!

Dasselstraße 29, 50674 Köln
www.bratwerk.de
Öffnungszeiten:
Mo bis Fr von 11 – 17 Uhr

Wurstbraterei

Die Bude kenn ich doch aus dem Fernsehen, mag so mancher denken, wenn er den Imbisswagen am alten Rheinauhafen in der Nähe des Schokoladenmuseums sieht. Stimmt: Die Tatort-Kommissare Schenk (Dietmar Bär) und Ballauf (Klaus Behrendt) feiern seit 1997 an dieser Bude regelmäßig bei einer Currywurst ihre gelösten Fälle. Currywurst und Pommes mit Majo heißen hier natürlich »Kommissarenteller«, und bei schönem Wetter kann man im Biergarten Hafenterrasse das Rheinpanorama genießen. Eine Currywurst an der Wurstbraterei kostet 2,50 Euro. Wichtig: Die Fernseh-Wurstbude ist nur von Ostern bis Ende Oktober geöffnet.
Für die Dreharbeiten wird die rollende Bude bis zu vier Mal im Jahr ans gegenüberliegende Rheinufer gekarrt und

steht dann zwischen Deutzer- und Hohenzollernbrücke. Der Grund: die schönere Kulisse. Denn hier haben die Kölner Kommissare die Altstadt und den Dom im Hintergrund. Während der Dreharbeiten ist der Imbisswagen zwar in Betrieb, aber nur für das Filmteam geöffnet.

Viele Fans stehen im Sommer täglich Schlange, um genau wie Schenk und Ballauf ihre Pommes in die Currysauce zu tunken. Die Wurstbraterei ist also ein typischer Anlaufpunkt für Tatort-Fans und Touris. Aber auch Rheinspaziergänger genießen hier ihre Currywurst. Zum Filmruhm kam der über 50 Jahre alte Wurstwagen übrigens durch Zufall. Er war eigentlich schon ausrangiert und wurde von den Tatort-Machern auf dem Grundstück der Imbissbesitzer, Familie Vosen, entdeckt. Jetzt strahlt er – zumindest im Sommer und im TV – wieder im alten Glanz.

Aktuell hat die Bude leider keinen Standplatz am Schokoladenmuseum bekommen. Den momentanen Standplatz finden Tatortbuden-Fans auf der Internetseite der Imbissbetreiber.

Am Schokoladenmuseum, Rheinauhafen 1a, 50678 Köln
www.vosen-imbiss.de
Öffnungszeiten:
von Ostern bis 31. Oktober, Mo bis So 11 – 22 Uhr

Harzer Schnitzelkönig

Seit einigen Jahren schießen in ganz Deutschland die XXL-Restaurants wie Pilze aus dem Boden. Jumboportionen sind neuerdings absolut angesagt, auch der Harzer Schnitzelkönig in Lautenthal bei Goslar im Harz bietet Megaportionen an. Neben Riesenschnitzeln und Turbosteaks gibt es auch eine Riesencurrywurst. Die XXL-Wurst, die hier auf den Teller kommt, ist tatsächlich zwei Meter lang, das Monsterteil wird zur Schnecke aufgerollt serviert. Die Wurst wird extra für den Schnitzelkönig von einer Metzgerei angefertigt und ist vorgeräuchert. Sie wiegt alleine rund 850 Gramm, zusammen mit Sauce und Pommes kommt die Portion auf ein unglaubliches Gewicht von 1,3 Kilo. Für 12,90 Euro können Ausgehungerte sich dieses Megamenü bestellen. Zum Vergleich: Die Menge entspricht ungefähr fünf bis sechs normalen Currywürsten. Natürlich veranstaltet der Schnitzelkönig regelmäßig Wettessen. Der Gewinner und ungekrönte König im Currywurstschnellessen brauchte für die 2-Meter-Wurst mit Pommes und Sauce lediglich rund vier Minuten.

Fazit: Edel essen ist anders. Wer sich die Megawurst im Schnitzelkönig bestellt, ist entweder ausgehungert, verrückt oder hat eine Wette verloren.

Wildemanner Str. 9, 38685 Lautenthal
Tel. 05325 – 42 82
www.harzer-schnitzelkoenig.de
Öffnungszeiten:
täglich von 11 – 24 Uhr

Curryfire

ZENTRALE LAGE.
7 SCHÄRFEGRADE.
FÜR HARTGESOTTENE.

Auch Leipzig hat natürlich eine Bude, an der Currywurst in allen erdenklichen Schärfegraden angeboten wird. Die Saucen haben so klangvolle Namen wie Sweet Pussy, Bite of Viper oder Mother of Pain, die Mutter aller Schmerzen. Die Sweet Pussy Sauce und die Homestyle-Sauce sind nicht wirklich scharf, sondern fruchtig und würzig. Feurig wird es erst mit Hellfire. Auch in Leipzig gilt: vorsichtig rantasten. Wer noch nie in seinem Leben richtig scharf gegessen hat, sollte sich auch hier nicht sofort auf die »Mutter der Schmerzen«-Sauce stürzen, sondern sich langsam vorarbeiten. Sonst wird's unangenehm! Klar, dass die Saucen hausgemacht sind und die Schärfemischung auch hier geheim gehalten wird: Inhaber Attilay Ekici würzt seine Saucen mit Chilis und Saucenextrakten aus aller Welt und beschert seinen Kunden damit entweder angenehmes Gaumenkitzeln oder einen Höllentrip inklusive Schweißausbrüchen und feurigem Brennen im Mund. Übers Internet lassen sich die speziellen Würzmischungen und Spezialsaucen des Curryfire ordern, im Sortiment gibt es außerdem scharf-süße Chili-Cola-Bonbos. Wer kein Schweinefleisch mag, dem bietet das Curryfire auch eine Rindswurst (beide mit Darm) an. Und wer gar keine Currywurst mag, für den hält Curryfire Hot-Dogs und Frikadellen, Bockwürste, Schinkenknacker, Cabanossiwurst, Käsekrainer oder Wiener Würstchen und Pommes bereit.

Fazit: Das Curryfire ist was für harte Jungs und Mädels!

Grimmaische Straße 29, 04109 Leipzig
Tel. 0177 – 8 90 94 18
www.curryfire.de
Öffnungszeiten:
Mo bis Fr 10:15 – 20:15 Uhr,
Sa 10:30 – 21 Uhr,
So 11 – 18 Uhr

Curry 54

BUDE MIT LIVESTREAM.
UNTERSCHIEDLICHE SCHÄRFEGRADE.
BUNT GEMISCHTES PUBLIKUM.

Seit 2007 gibt es das Curry 54 in Magdeburg. Inhaber Olaf Bernhardt bezeichnet das Curry 54 selber als eine Mischung aus Restaurant und Imbiss. »Ich bin der ›Dönerjäger‹ von Magdeburg«, grinst Bernhardt. Der Imbissbudenbesitzer ist gelernter Koch, besaß schon ein italienisches Restaurant und hat auch als Kellner gearbeitet.

Dabei tingelte Bernhardt zwischen USA, Italien und Berlin umher. In der Hauptstadt kam ihm die Idee, einen Currywurstimbiss zu eröffnen. »Ein Restaurant wollte ich nicht mehr haben, zu viel Stress«, sagt Bernhardt. »Da hab ich mich auf die Harley gesetzt und beim Rumdüsen kam mir die Idee mit der Currywurst.« Im Curry 54 (54 bezeichnet nicht das legendäre Studio 54 in New York und ist auch nicht Bernhardts Geburtsjahr, sondern ganz einfach die Hausnummer des Imbiss) werden sechs verschiedene Saucen mit unterschiedlichen Schärfegraden angeboten. Die Haussauce beispielsweise ist gar nicht scharf und wird mit frischen Zwiebeln verfeinert. Andere Saucen, die alle warm über die Wurst gegeben werden, verfeinert Bernhardt unter anderem mit Orangen- und Bananensaft.

Ganz wichtig: Es gibt zur Currywurst das gute alte Ostbrötchen. Das Curry 54 hat innen rund 20 und außen zirka 30 Steh- und Sitzplätze. Auch Mama Annemarie Bernhardt arbeitet fleißig im Imbiss mit. »Meine Mutter hatte absolut keine Lust auf ein Rentnerdasein und hat mich ermutigt, den Imbiss zu eröffnen«, sagt Bernhardt. »Mach etwas ganz Neues, damit ich auch was zu tun habe«, war damals ihre Ansage, erzählt der Imbissbesitzer. Das Besondere am Curry 54: Die Bude ist mit jeder Menge Kameras und Mikros ausgestattet. Via Internet kann man das ganze Geschehen vor und hinter der Theke im livestream mitverfolgen.

Otto-von-Guericke-Str. 54, 39104 Magdeburg
Tel. 0391 – 4 02 19 61
www.curry54.net
Öffnungszeiten:
Mo bis Do 10 – 2 Uhr,
Fr bis So ab 10 Uhr

Magdeburg

Wurst-Alarm

CURRYWURSTRESTAURANT.
FAIRE PREISE.
BUNT GEMISCHTES PUBLIKUM.

Seit 2009 hat auch die rheinland-pfälzische Landeshaupt-
stadt ihr erstes Currywurstrestaurant in der Innenstadt.
»Alarmierend anders« ist der Slogan des Wurst-Alarm. Die
Speisekarte wirbt mit Sprüchen wie »Carpe Dip« oder »In
Wursto Veritas«. So-wohl der Laden als auch die Karte sind
in auffälliger Lila- Schwarz-Weiß-Optik gehalten. Das wirkt
ziemlich cool und verleiht dem Currywurstrestaurant die At-
mosphäre einer 80er-Jahre-Disco. Man sitzt hier stilecht auf
Kunststoffbarhockern, am Fenster, mit Blick nach draußen.
Die Wurst wird natürlich auch im Wurst-Alarm auf Porzellan

gereicht und am Platz serviert. Besteck, Gläser und Servietten nimmt man sich am Tresen selber mit zum Tisch. Inhaber Michael Christoph Mittag stammt ursprünglich aus Dortmund und hatte schon lange die Idee, die Mainzer von der Wurst zu überzeugen. »Ich bin mit der Currywurst groß geworden und wollte auch in Mainz die Wurst etablieren«, sagt Mittag. Es gibt im Wurst-Alarm fünf unterschiedliche Currywürste zur Auswahl: Bratwurst, Rindswurst, Käsekrainer, Geflügelwurst und Kalbsbratwurst. Dazu kann man im Wurst-Alarm fünf Saucen kombinieren: Curry klassisch, Curry Cajun Style, die eher würzig als scharf schmeckt, Curry mit Kick, Curry extra scharf und Sweet BBQ (süßlich und pikant). Und wie in vielen anderen Currywurstrestaurants auch, gibt es immer eine Sauce des Monats. Je nach Jahreszeit wechseln auch die Wurstsorten: Wildschweinwurst im Winter oder auch mal ein Wurst-Chili-Con-Carne oder die Currywurst Toscana mit Tomatenmark und Kräutern. Die einfache Currywurst kostet 2,30 Euro. Die Portion ist wirklich groß und die hausgemachten Pommes schmecken lecker kross.

Fazit: Für Mittagesser!

Quintinsstraße 7, 55116 Mainz
Tel. 06131 – 55 35 220
www.wurst-alarm.de
Öffnungszeiten:
Mo bis Sa ab 11 Uhr

Koeripike

CURRYWURSTRESTAURANT.
SURF & TURF.
SZENIG, MODERN.

Auch die Mannheimer haben ein Currywurstrestaurant in ihren Quadraten. (Für Nicht-Mannheimer: Die Innenstadt hat keine Straßennamen, sondern ist in Quadrate aufgeteilt.) Der Laden liegt mitten im Stadtzentrum in der Nähe der Fußgängerzone.

Im Koeripike werden Brat-, Rinds-, Feuer- und Tofuwurst angeboten. Es gibt acht Schärfegrade und jede Menge hausgemachte Saucen. Die Currywurst kostet 2,90 Euro. Neben dem Schimanski-Teller (Currywurst, Pommes, Sauce und Bier für 6,90 Euro) steht die Currywurst Surf & Turf auf der Karte. Ungewöhnlich, aber gut: Currywurst mit Tiefseegarnelen und einem Weißwein für 11,90 Euro. Auch das Koeripike macht es Grüppchen gemütlich und bietet ein Wurstfondue mit verschiedenen Saucen an (für 2, 4, oder 6 Personen). Wer es feucht-fröhlich angehen lassen will, der bestellt das Meister-Jäger-Gedeck mit Currywurst, Brot und Jägermeister für 4,60 Euro.

M7 11, 68161 Mannheim
Tel. 0621 – 10 75 61 67
www.koeripike.de
Öffnungszeiten:
Mo bis Mi 11 – 1 Uhr,
Do 11 – 2 Uhr,
Fr und Sa 11 – 3 Uhr,
So 16 – 1 Uhr

Mannheim

BergWolf

CURRYWURSTRESTAURANT.
ECHTE RUHRPOTTCURRYWURST.
FÜR FEIERFREUDIGE UND
FUSSBALLFANS.

Obwohl weit südlich des Currywurstäquators in München gelegen, hat sich das Konzept des Currywurstrestaurants BergWolf in der bayerischen Landeshauptstadt durchgesetzt. In vielen bayerischen Kleinstädten sucht man vergebens nach einer leckeren Currywurst. Zu sehr ist in Bayern die Weißwurst etabliert, und was der echte Currywurstfan manchmal vorgesetzt bekam, hatte mit Currywurst eher weniger zu tun.

Deswegen haben die beiden Inhaber des BergWolf, Michael Wolf und Frank Bergmeyer, die »Echte« Bochumer Wurst (siehe Seite 42) nach München gebracht. Im BergWolf serviert man die weiße Schweinscurrywurst aus dem Pott und keine rote Rindswurst. Natürlich wussten die beiden zu Beginn nicht, ob sich das Konzept in der bayerischen Hauptstadt überhaupt durchsetzen würde: Deftige Currywurst, spartanische Einrichtung und mehr Bahnhofskneipenatmosphäre als Luxusrestaurant. Im BergWolf läuft auch keine Fahrstuhlmusik, sondern gerne mal Rock und Indie. Fußballfans kommen am Wochenende auf ihre Kosten, wenn die wichtigen Spiele (Erste Bundesliga, Championsleague, WM, EM, Länder- und Pokalspiele) auf Großleinwand zu sehen sind. Am Wochenende hat der BergWolf sogar bis 4 Uhr morgens geöffnet. Die Currywurst kostet hier 2,85 Euro.

Fazit: Die Currywurstmissionierung hat sich gelohnt, der BergWolf gilt als die angesagte Currywurst-Location der Stadt und ist fast immer voll.

Fraunhoferstr. 17, 80469 München,
Tel. 089 – 23 25 98 58
Öffnungszeiten:
Mo bis Do 12 – 15, 18 – 2 Uhr,
Fr 12 – 15, 18 – 4 Uhr,
Sa 12 – 4 Uhr,
So und feiertags 16 – 22 Uhr

München

Pommesboutique

DESIGNERBUDE.
20 POMMESDIPS.
FÜR POMMESFANS.

Die schicke Pommesboutique in der Münchener Amalienstraße ist ein echter Szenetreffpunkt. Der Laden wirkt auf
den ersten Blick überhaupt nicht wie ein Imbiss, sondern
könnte auch aus »Schöner Wohnen« stammen: Hier sieht
man sofort, dass Innenarchitekten alles gegeben haben, um
den Laden stylisch, modern und schick zu gestalten: Die
Wände sind hellgrün und lila, die Tische und Bänke sparta-
nisch und aus edlem Eichenholz.

Klar stehen hier die hausgemachten belgischen Pommes im
Vordergrund. Dazu gibt es über 20 verschiedene Dips. Das
Besondere in der Pommesboutique: Die Gäste können sich
an der Dip-Station selbst bedienen. Currywurst steht – eher
als Beiwerkt zu den Pommes – auch auf der Karte. Die an-

gebotene Biowurst ist eine Mischung aus roter und weißer Wurst. Inhaber der Pommesboutique, Bernhard Heiler, bezeichnet sie lachend als »rosé«. Die Currywurst kostet 3,20 Euro. Zur Wahl stehen außerdem gebratene Garnelenspieße oder Feta in Sesam-Nuss-Kurste. Natürlich wird auch in der Pommesboutique die Currysauce selber gekocht und kommt ohne fertigen Ketchup aus. Frische Zwiebeln, Tomaten und Äpfel (!) geben Geschmack und machen die Sauce sehr fruchtig und lecker.

Imbissbeilagen wie fettigen Kartoffelsalat sucht man hier vergebens. Dafür gibt es Gurken-Minz-Salat, Asia-Kraut-Karottensalat oder die Rohkosttüte mit Sourcreme.

Amalienstraße 46, 80799 München,
Tel. 089 – 95 47 33 12
www.pommesboutique.de
Öffnungszeiten:
Mo bis Sa 10 – 22 Uhr,
So 12 – 20 Uhr

Curry 73

CURRYWURST
VOM FUSSBALLKOCH.
HOHE QUALITÄT.
FÜR MITTAGESSER &
BUSINESSPEOPLE.

Currywurst vom Sternekoch, das gibt es auch in München. In der Balanstraße, im südlichen Haidhausen, hat der Koch der deutschen Fußballnationalmannschaft, Holger Stromberg, eine ganz besondere Imbissbude eröffnet. Gegessen wird im Freien oder unter einem beheizten Vordach. In einem ehemaligen Pförtnerhäuschen der Firma Siemens bietet der Koch Currywürste vom Lavagrill an: knusprig geröstet und fettarm.

Der gebürtige Westfale bereitet eine qualitativ hochwertige Kalbsrostbratwurst zu, ohne Geschmacksverstärker und Phosphat. Klar, dass auch Stromberg sein Saucenrezept nicht preisgibt. An Strombergs Imbiss kann man zwischen verschiedenen Currypulvern wählen: von »harmlos« über »scheiße scharf« bis hin zu seiner Spezialität »Blütenrausch«, einem milden und ungewöhnlichen Gewürzemix.

Die rote Currywurst vom Schwäbisch-Hällischen Land-
schwein mit Spezialsauce und Krustenbrot kostet im Curry 73
3,20 Euro. Das ist zwar etwas teurer, dafür gibt es hier am
blauen Pförtnerhäuschen aber eine echt leckere Wurst. Das
Publikum besteht hauptsächlich aus den Angestellten der
umliegenden Firmen.

Fazit: Strombergs Motto »Rieche, iss, genieß und schweig –
danach können wir immer noch reden« geht auf.

Balanstraße 73, Ecke St. Martin-Straße, Pförtnerhäuschen,
81541 München
Vorbestellungen unter Tel. 0176 – 78 24 53 42
www.curry73.de
Öffnungszeiten:
Mo bis Fr 11 – 19 Uhr

München

Currycult

CURRYWURSTRESTAURANT.
SCHOKO-CHILI-SAUCE.
FÜR JEDERMANN.

Klar, dass auch in der Studentenstadt Münster ein Curry-wurstrestaurant nicht fehlen darf. Das Currycult befindet sich auf dem ehemaligen Gelände der Germania Brauerei und ist keine kleine Imbissbude, sondern ein Currywurst-restaurant. Hier stehen stilecht nur Currywurst, Pommes und Salat auf der Karte. Kein Schnitzel, keine Frikadellen, kein Kartoffelsalat. Auch im Currycult sitzt man auf hohen Barhockern an dunklen Holztischen. Als Daueraktion bietet das Currycult die »Currywurst auf Reise« an: die Angebote wechseln beispielsweise von »Wurst in Texas«, über »Barce-lona« bis hin zu »Sylt«. Dahinter verbirgt sich eine Curry-wurst mit Krabben, und wer das Angebot »Ungarn« ordert, bekommt eine Currywurst mit Silberzwiebeln, eingelegter Paprika und frischen Chilis.

Von Currywurst Spezial über Krakauer, Putenwurst bis hin zur Rindswurst findet jeder Currywurstliebhaber im Currycult garantiert seinen Favoriten. Als Saucenauswahl stehen Currysauce, Mango-Senf-Sauce, Sweet-Chilisauce, Erdnuss-Currysauce sowie im Winter die Weihnachtssauce auf der Karte. Besonderes Schmankerl und absolut zu empfehlen: die Currywurst Chili mit Schokosauce. Hört sich etwas gewöhnungsbedürftig an, aber die Süße der Schokolade und die Schärfe vom Chili passen super zur Currywurst!

Dorpatweg 4 – 6, Germania Campus Münster, 48159 Münster
Tel. 0251 – 2 00 60 11
www.currycult.com
Öffnungszeiten:
Mo bis Do 11:30 – 20:30 Uhr,
Fr und Sa 13 – 21 Uhr,
So 13 – 20 Uhr

Münster

Biggis Futterkrippe

Der kleine Familienbetrieb wurde im Jahr 2000 von Imbiss-budenbesitzerin Brigitte (Biggi) Licht eröffnet. Die Bude befindet sich ganz in der Nähe der Autobahn A2, an der Anschlussstelle Süd/Hillerheide, etwas versteckt in einem Hinterhof. Die ganze Familie packt an, damit der Laden läuft. Doch Papa Wolfgang ist zuständig für den Mittagstisch und seine Spezialität sind eindeutig die Schaschliks. Die Currywurst bei Biggi ist eine richtig ordentliche Portion und kostet 2,20 Euro – wer kein Schweinefleisch mag, bekommt die Curry auch als Geflügelwurst serviert. Satt wird man hier auf jeden Fall! Natürlich ist die Sauce selbst gemacht, und wer gar nicht genug davon bekommt, kann sie auch in Dosen kaufen ... Auf Wunsch wird die Sauce auch angefeuert aber von zu vielen Schärfegraden hält Biggi nichts. Zu empfehlen ist auch die Currywurst spezial für 2,50 Euro mit frischen Zwiebeln, Gewürzen, etwas Majonäse und Sauce oben drüber.

Das Besondere: Bei Biggi gibt's jede Menge vegetarische Angebote und sogar eine Seniorenkarte mir kleineren Portionen. Und auch an die Kleinen hat Biggi gedacht, die Kinderpommes kosten gerade mal 80 Cent. Das Publikum ist bunt gemischt, eilige Mittagesser, viele Stammkunden aus der Umgebung, Handwerker und Leute, die extra mal schnell von der Autobahn abbiegen, um in der kleinen Futterkrippe eine Currywurst zu mampfen. Das Herz und die gute Seele an diesem Imbiss ist tatsächlich Biggi. Die Imbissbesitzerin ist immer fröhlich und hat einfach Spaß an ihrer Arbeit. Natürlich versprüht die Futterkrippe nicht denselben Ruhrpott-Charme, wie Jahrzehnte alte Kultimbisse – egal: man merkt der Familie und dem Personal an, dass sie mit Herzblut bei der Sache sind. Bei schönem Wetter kann man auch draußen sitzen!

Herner Str. 189, 45659 Recklinghausen
Tel. 02361 – 30 39 84 5
biggi@biggis-futterkrippe.de
Öffnungszeiten:
Mo bis Sa: 12:00 – 21:30 Uhr
So und feiertags: 15:00 – 21:30 Uhr

Recklinghausen

Brunnenwirt

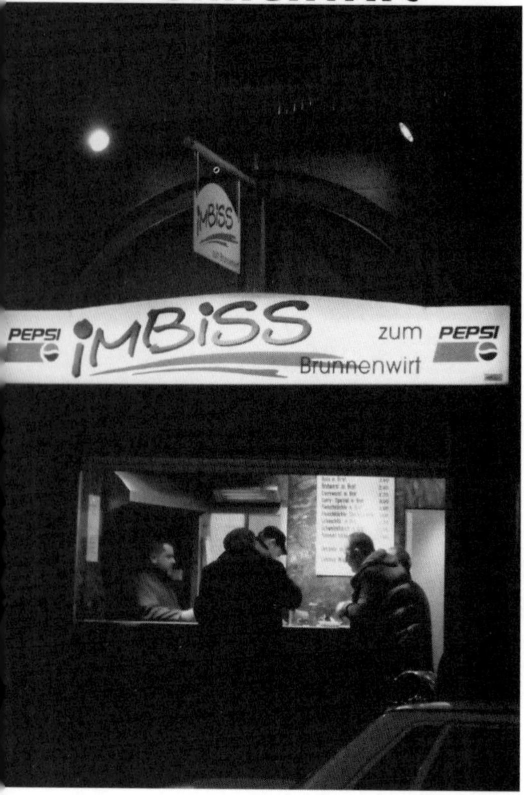

Das Schwabenland ist bekannt für viele kulinarische Highlights, die Currywurst zählt nicht gerade zum Nationalgericht der Stuttgarter. Trotzdem gibt es auch hier eine leckere Wurst und dazu noch eine Kultbude: den Brunnenwirt. Den gibt es schon seit über 30 Jahren im Stuttgarter Rotlichtviertel, und noch immer versprüht er den Charme einer nüchternen Frittenbude. Trotzdem schwören die Stuttgarter natürlich auf ihren Curry-Bert (so nennen eingefleischte Currywurstfans ihren Brunnenwirt). Bewundernswert, mit welcher Ruhe und Gelassenheit das Personal dem großen Andrang am Außenverkauf trotzt. Schwäbische Gemütlichkeit, Genauigkeit und Freundlichkeit ist die Devise. Und das, obwohl im Inneren der Kneipe immer mal wieder die ein oder andere Nachtgestalt strandet. Beim Brunnenwirt trifft sich in Stuttgart eben jeder, der zu später Stunde noch etwas erleben will. Klar, dass auch ab und zu Kunden und Mitarbeiterinnen der angrenzenden sündigen roten Meile beim Brunnenwirt einkehren. Genau diese kunterbunte Mixtur an Menschen macht den Brunnenwirt charmant und interessant und gibt der Kneipe das gewisse Etwas. Es lohnt sich, nachts die Leute zu beobachten.

Besonderes kulinarisches Highlight neben der klassischen Currywurst mit »Vierkantspätzle« (Pommes) ist die selbst kreierte Currywurst Spezial. Die sieht zwar unappetitlich aus, ist aber ein absoluter Renner beim Brunnenwirt: eine Currywurst geschnitten, mit Curry- und Schaschliksauce, anschließend wird das Ganze mit einem Streifen Majonäse dekoriert. Bleibt noch zu erwähnen, dass auch der Schweinebauch eine absolute Spezialität des Brunnenwirts ist.

Leonhardsplatz 25, 70182 Stuttgart,
Tel. 0711 – 24 56 21
Öffnungszeiten:
Mo bis Do 11 – 2 Uhr,
Fr und Sa 11 – 3 Uhr,
So und feiertags 16 – 2 Uhr

Speisegaststätte Höver
Curry-Heini

Curry-Heini, das ist Ruhrpott pur. Die Imbissbude, die Vater
Heini Höver im Jahr 1965 eröffnet hat, ist absoluter Kult im
Revier, eine Wurstinstitution und über die Grenzen Waltrops
hinaus bekannt. Waltrop liegt übrigens im Norden des Ruhr-
gebiets, nicht weit von Dortmund und Recklinghausen entfernt. Inzwischen hat Sohn Ludger Höver den Imbiss übernommen und ist mit Herzblut bei der Sache, aber wenn man
Glück hat, steht auch Vater Heini hinter der Theke und ver-
breitet zusammen mit seinem Sohn echten, kumpelhaften
und herzlichen Ruhrpottcharme. Liebenswert und schroff,
so könnte man den Wirt bezeichnen. Wer im Curry-Heini un-
geduldig stänkert, bekommt auch schon mal eine gepfef-
ferte Antwort vom Chef.

Schon der wohlklingende Name »Speisegaststätte Höver« klingt nach 60er Jahre. Die Einrichtung ist eher rustikal und bodenständig, im Sommer kann man auch draußen seine Currywurst essen. Zentral gelegen, mitten in der Waltroper Fußgängerzone, ist Curry-Heini ideal für eine Mittagspause beim Stadtbummel. Zu dieser Zeit ist es allerdings fast unmöglich, einen freien Tisch zu bekommen.

Currywurst á la Höver wird auf eine ganz eigene Art zubereitet und genau das schätzen und lieben die Gäste: Die Wurst wird nicht geschnibbelt, sondern längs eingeschnitten und dann mit Ketchup gefüllt. Jetzt kommt Currypulver darüber und danach die hausgemachte Sauce. Das ganze gibt es für 2 Euro.

Fazit: Eine der absoluten Kultbuden im Revier, herzlich, ehrlich und traditionell.

Dortmunder Str. 22, 45731 Waltrop
Tel. 02309 – 28 08
www.curry-heini.de
Öffnungszeiten:
Mo bis Sa 11 – 22 Uhr,
So 17 – 22 Uhr,
Mi geschlossen

Walter's Futterkrippe

TRADITIONSIMBISS
IN ZENTRALER LAGE.
GUT UND GÜNSTIG.
CURRYWURST
FÜR JEDERMANN.

Bei Walter´s Futterkrippe gibt es alles, was echte Fast-Food-Liebhaber brauchen: große Portionen, viel Auswahl und schnelle Bedienung. Die Futterkrippe ist keine reine Currywurstbude, sondern bietet alles, was der eilige Esser begehrt: Pommes, halbe Hähnchen, Schnitzel, Hot Dogs und eben auch Currywurst. Die Frage »rot oder weiß« bezieht sich hier nicht auf die Pommes, sondern auf die Wurstsorte. Denn die Currywurst gibt es bei Walter als Rinds- oder Bratwurst mit Brötchen für 2,80 Euro. Schon seit 1973 hält sich der Traditionsimbiss – eigentlich kennt jeder in Wiesbaden die Bude. Benannt wurde sie nach ihrem Gründer Walter Hitthaler, der aus Südtirol stammt und gelernter Instrumentenbauer ist. Walter verdiente sein Geld mit dem Verkauf von

Geschenkartikeln in amerikanischen Clubs, verkaufte aber nebenbei auf Volksfesten Würstchen. Vor dem US-Militärkrankenhaus in Wiesbaden fiel ihm ein Grundstück auf, er kaufte und renovierte einen alten Imbisswagen, pachtete das Grundstück und legte los. Sein Glück: vor allem die amerikanischen Soldaten schätzen die Würstchen »vor der Haustür« und sorgten von Beginn an für enormen Umsatz in der Futterkrippe. Seit 2003 leitet Sohn Dietmar den Imbiss. Innen stehen Alutische, das Stahlbesteck ist luftdicht verpackt. Weil ihm Tuben oder Flaschen für Majonäse und Ketchup zu unhygienisch waren, erfand Dietmar Hitthaler kurzerhand einen eigenen Spender für die Saucen. Der funktioniert mit Druckluft und sorgt dafür, dass Ketchup & Co sauber auf den Pommes landen. Viele Wiesbadener sind mit dieser Traditionsbude groß geworden und schon als Teenies mit dem Mofa auf eine Pommes zu Walter gezuckelt. Taxifahrer und auch die Polizei schätzen Walter´s Futterkrippe. Zwischen 22:30 und 23 Uhr ist Happy Hour, dann kosten alle Speisen nur die Hälfte.

Konrad-Adenauer-Ring 44. 65187 Wiesbaden
Tel. 0611 – 812172
www.walters-futterkrippe.de
Öffnungszeiten:
Mo bis So 9 – 23 Uhr

Wiesbaden

VW-Kantine

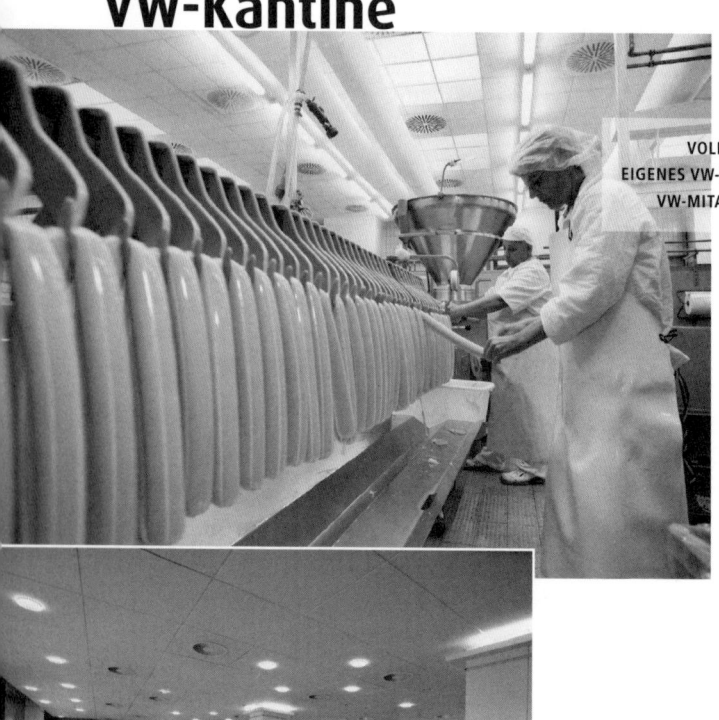

VOLKSWURST.
EIGENES VW-KETCHUP.
VW-MITARBEITER.

Eigentlich kennen alle Wolfsburger die VW-Currywurst und fast jeder mag sie. Die Volkswurst wird beim Wolfsburger Autobauer in der werkseigenen Fleischerei hergestellt und steht bei VW seit dem Jahr 1974 auf der Speisekarte – im selben Jahr kam übrigens der VW Polo auf den Markt. Jedes Jahr produziert der Wolfsburger Betrieb rund 3,3 Millionen Würste. Es werden also mehr Würste hergestellt, als Autos vom Band laufen. Auf der Karte der Betriebskantinen steht der Klassiker für 2,50 Euro. Bei den rund 43 500 Beschäftigten von VW ist die Currywurst das mit Abstand beliebteste Kantinenessen. Viele VW-Angestellte bringen keine Schnittchen mit, sondern geben zu ihrem Geburtstag eine Currywurst aus. Auch in den anderen deutschen VW-Werken steht die Currywurst auf der Speisekarte, und in den Edeka-Märkten der Region kann man die Wolfsburger Wurst auch kaufen. Wie bei allen Imbissbuden will auch der Fleischermeister bei VW das genaue Rezept nicht verraten. Fest steht, die VW-Wurst besteht zu 100 Prozent aus Schweinefleisch und Speck, sie enthält kein Milcheiweiß oder Phosphat, denn das würde die Würste schwammig machen. Außerdem ist die Volkswurst eine recht »gesunde« Currywurst und liegt einem mit einem Fettanteil von rund 20 Prozent nicht wie ein Stein im Magen. Als Schmankerl gibt es in den Kantinen der Autostadt das hauseigene VW-Ketchup, eine Sonderabfüllung eigens für Volkswagen und für viele Mitarbeiter der beste Ketchup Deutschlands. Tipp: Wer nicht bei Volkswagen angestellt ist und trotzdem einmal die Volkswurst probieren möchte, kann das im Betriebsrestaurant Büro Zentrum Nord tun. Denn diese Kantine ist auch für Nicht-VW-Mitarbeiter geöffnet.

Betriebsrestaurant Büro Zentrum Nord.
Oebisfelder Str. 34 a, 38448 Wolfsburg-Köstorf.
Öffnungszeiten:
Mo bis Fr 12:30 – 13:13 Uhr.

Alle Buden auf einen Blick

Dank

Danke an alle Tippgeber, Imbissbudenbesitzer und Restaurantinhaber, die das Projekt unterstützt und freundlicherweise Bildmaterial zur Verfügung gestellt haben. Herzlichen Dank an Birgit Breloh vom Deutschen Currywurst Museum in Berlin für die hilfreichen Informationen rund um das Thema Currywurst. Mein Dank für die tolle Zusammenarbeit gilt außerdem den netten Mitarbeitern von Eichborn: Christine Härle, Katharina Theml und Susanne Blum! Natürlich auch vielen, vielen Dank an Maren und Siegfried fürs unermüdliche Babysitten. Nicht zu vergessen: Vielen Dank an Frank für die Unterstützung beim Currywurst-Testessen: »Guten Morgen Berlin!«

Bildnachweise

Seite 7 © Curry & Co GbR.
Seite 8 © Mauermanns Curry GmbH.
Seite 13-15 © CTI New Media GmbH, Daniel Heidemann.
Seite 17 © Curry & Co GbR.
Seite 18 © Best Worscht in Town.
Seite 20 © Koeripike Mannheim.
Seite 22 und 23 © Konnopke's Imbiss Berlin.
Seite 26 © Frank Schunicht.
Seite 28 © Curry 36.
Seite 30 © Hilton Berlin.
Seite 32 © Hotel Adlon Kempinski Berlin.
Seite 34 © M. M. Zühlke, hummis.de.
Seite 36 © Barbara Radl.
Seite 38 © CTI New Media GmbH, Daniel Heidemann.
Seite 40 © Barbara Radl.
Seite 42 © ww.bratwursthaus.com.
Seite 44 und 46 © Barbara Radl.
Seite 48 © Julia Windhoff, Bremen.
Seite 50 © Der Thüringer Dortmund.
Seite 52 © Kanniah Jeyakaran.
Seite 54 © Curry & Co GbR.
Seite 56 © City Grill Duisburg.
Seite 58 © Mauermanns Curry GmbH.
Seite 60 © Barbara Radl.
Seite 62 © Thomas Brauße.

Seite 65 © Best Worscht in Town.
Seite 68 © Barbara Radl.
Seite 70 © mensadrei Feiburg.
Seite 73, 77, 80, 82 © Frank Schunicht.
Seite 84 und 86 © Barbara Radl.
Seite 88 © Frank Schunicht.
Seite 90 © Schmitt Foxy Food Hamburg.
Seite 92 © Reinhard Stroetmann.
Seite 94 © Die Currywurst Herne.
Seite 96 © Ballermann 1 Karlsruhe.
Seite 98 und 100 © Barbara Radl.
Seite 102 © Cevik+Heiner GbR.
Seite 104, 106, 108 © Barbara Radl.
Seite 110 © Ralf Jäger.
Seite 112 © Harzer Schnitzelkönig Lautenthal.
Seite 114 © Curryfire Leipzig.
Seite 116 © Curry 54.
Seite 118 © Wurst Alarm Mainz.
Seite 120 © Koeripike Mannheim.
Seite 122 © BergWolf München.
Seite 124 © Pommes Boutique München.
Seite 126 © Holger Stromberg.
Seite 128 © Currycult Münster.
Seite 130 © Biggis Futterkrippe.
Seite 132 © Martin Schniesko.
Seite 134 © Drei Elemente.
Seite 136 © Peter Theml.
Seite 138 © Volkswagen.

Barbara Radl, geb. 1975, hat Germanistik und Journalismus studiert und ist TV-Redakteurin, Autorin und Produzentin. Für den Currywurst-Führer hat sie die Republik bereist, mit Wurstbudenbesitzern gesprochen und dabei die Szene gründlich kennen gelernt.